成長も安定も実現する

経営指標「RPG」入門

Ratio of Profit for the Gross-margin

営業利益を粗利で割るだけで会社の明るい未来が見える本

未来創造グループ代表
税理士・弁護士・コンサルタント
三谷淳 著

合同フォレスト

DL可 マークがついた図表は、特設ページよりダウンロードすることができます。

特設ページ

https://dl.mirai-consul.jp/

はじめに

本書は、どうすれば「いい会社」が作れるかをお伝えする本です。

特に、これまで経理や会計に苦手意識があった方や、毎年の決算書の意味をあまり深く考えず「売上が増えたかな？」「赤字にならなかったかな？」といった程度しか気にしなかった方に読んでいただきたいと思っています。

しかし、「決算書はちゃんと読めるようになってください」とか、「難しい会計の仕組みを理解したほうがいいですよ」などとは言いませんのでご安心ください。むしろ、お伝えしたいことはまったく逆です。決算書が読めなくても、難しい会計が分からなくても、いい会社を作ることはできるということなのです。

私はこれまでに、時には弁護士として、時には税理士として、そして時には上場企業の社外役員として、多くの会社の経営改善に関わってきました。

経営者に「いい会社を作りたいですか？　もっと経営を伸ばしたいですか？」と質問をすると、異口同音に「いい会社を作りたい！」と答えます。経営者であれば、自社の経営を伸ばしたい、さらにいい会社にしたいと考えるのは当然のことです。

しかし、「では、どうすればさらにいい会社になりますか？」と質問をすると、すぐに具体的に答えられる方はごく少数です。「いろいろ課題がありまして……」「どこから手をつけていいのか分かりません」という方が多いのです。

ある時、私はその原因に気がつきました。

それは、そもそも、会社が「どういう状態」になった時に「いい会社」になったといえるのかがあいまいだということです。**どうなったらいい会社といえるかが決まっていないのに、どうしたらいい会社になるかなんて考えられない**のは当然です。

いい会社を作るためには、まず、いい会社の「定義」を決めなければなりません。

「いい会社」と聞くと、どのような会社をイメージされますか。おそらくは、

・売上が多い会社

・利益が多い会社

といった要素を思いつくのではないでしょうか。

もちろん、これらはいい会社を成立させるための要素なのですが、では、売上はどれくらいあればいい会社なのか、利益はどれくらいあればいい会社なのかと聞かれると、これが結構難しいのです。

私は、**いい会社というのは、利益を出しながら成長しつつ、不況時に備えて内部留保を蓄えている会社**だと考えています。しかし、これだけでは分かりにくいのです。

そこで私は、いい会社の定義を、**RPGが20%以上の会社**と考えることにしました。

突然「RPG」という聞き慣れない言葉が出てきましたが、これはRatio of Profit for the Gross-margin（対粗利利益率）の頭文字をとったもので、

営業利益　÷　粗利（売上総利益）×　100

の数式で表される経営指標になります。

詳細は本文に譲りますが、まずはみなさんの会社の決算書をご用意いただき、損益計算書の「営業利益」の金額を「粗利（売上総利益）」の金額で割ってみてください。

RPGが高いということは、成長性が高く不況時にも備えられる十分な利益を確保できているということで、自然といい会社になっているということができます。

まずは、「いい会社を作りたい」の定義は「RPG20％を達成」していることと決めてください。

どういう状態になった時にいい会社になったか（＝RPGが20％になった時）が決まれば、自然とどうすればいい会社になるかを考えられるようになります。

RPGを高める方法はとても単純で、

①売上を増やす

②変動費率（原価率）を下げる

③固定費（販管費）を削る

の3つの方法しかありません。具体的な方法については本文で詳しくお伝えします。

2020年に発生した新型コロナウイルスの流行は世界経済に大きな爪痕を残し、多くの企業を経営危機に陥れています。一方で、未曾有の危機を乗り越え、さらに力強く成長しようとする企業も多くあります。この予測不能な危機を乗り越えられた会社は、実はRPGを高い状態に保てていた会社ばかりです。逆にRPGが低迷していた会社は、売上が減少した途端に経営危機に見舞われています。

420万社といわれるわが国の会社の1社でも多くが、RPGを高め、経営を伸ばし、雇用を増やし、納税していくことが、国の将来、そして未来の子どもたちのためになるという思いをもって本書を書きました。

もくじ

第2章 「売上」を増やしてRPGを高める方法

第3章 「変動費率（原価率）」を下げてRPGを高める方法

第4章 「物経費（固定費）」を抑えてRPGを高める方法

第5章 RPGを高めるためのPDCAの回し方

第6章 チームを巻き込むリーダーのRPG

第1章

RPGを「メーター」にすれば、いい会社は作れる

1 まずは決算書からRPGを計算しよう

本書でお伝えしたいことは、「RPGを高めることが、いい会社を作ることになる」という1点につきます。RPGとはRatio of Profit for the Gross-margin（対粗利利益率）の頭文字をとったもので、

営業利益 ÷ 粗利（売上総利益）× 100

の数式で算出することができます。

なぜ、営業利益を粗利（売上総利益）で割るのか、そしてなぜRPGを高めるとよいのかをお伝えする前に、まずはみなさんの会社のRPGを計算してみましょう。

ご用意いただくのは、

①会社の決算書（損益計算書、できれば3年分）

②電卓（スマホで可）

これだけです。

決算書の中には通常、

・**貸借対照表**

・**損益計算書**

・**販売費及び一般管理費内訳書**

・**製造原価報告書**（製造原価科目を使用している時のみ）

といった書類がありますが、

RPGの計算に必要なのは**損益計算書**です。

損益計算書は、通常は次頁の図1のような構成になっています。

RPGは、

営業利益　÷粗利（売上総利益）×100

の計算式で求めることができます。

まずは損益計算書上の**営業利益**（図1の①）**と、粗利＝売上総利益**（図1の②）を抜き出し

図１

損　益　計　算　書

（自 ＿＿＿年 ＿月 ＿日　　至 ＿＿＿年 ＿月 ＿日）

（単位：円）

科　目	金　額		
売上高		**100,000,000**	
売上原価		**60,000,000**	
売上総利益		**40,000,000**	②
販売費及び一般管理費		**32,000,000**	
営業利益		**8,000,000**	①
営業外収益			
受取利息	650,000		
受取配当金	470,000		
為替差益	100,000		
その他	0	**1,220,000**	
営業外費用			
支払利益	845,000		
棚卸資産評価損	365,000		
為替差損	35,100		
その他	10,000	**1,255,100**	
経常利益		**7,964,900**	
特別利益			
固定資産売却益	1,000,000		
前期損益修正益	20,000		
賞与引当金戻入額	3,000		
製品保証引当金戻入額	0		
その他	0	**1,023,000**	
特別損失			
前期損益修正損	10,000		
固定資産除売却損	500,000		
貸倒引当金繰入額	0		
その他	0	**510,000**	
税引前当期純利益		**8,477,900**	
法人税、住民税及び事業税	2,543,370		
法人税等調整額	△ 52,000	**2,491,370**	
当期純利益		**5,986,530**	

図2

直近期	営業利益		粗利（売上総利益）			RPG
［　　］年	［　　］円	÷	［　　］円	×100	＝	［　　］％
前の期	営業利益		粗利（売上総利益）			RPG
［　　］年	［　　］円	÷	［　　］円	×100	＝	［　　］％
その前の期	営業利益		粗利（売上総利益）			RPG
［　　］年	［　　］円	÷	［　　］円	×100	＝	［　　］％

てみてください。そして、**営業利益（①）を粗利＝売上総利益（②）で割り、100を掛けるだけ**です。これでその年のRPGを求めることができます。

すごくシンプルな計算です。

もしお手元に3期分の決算書があれば、同様に計算し、これまで3年分のRPGを図2に書き入れてみてください。

3年分のRPGを比較して、毎年数値が上がっていれば、その会社は年々経営が向上していることを表しています。

一方で、毎年数値が下がってしまっていれば、その会社は年々経営が鈍化しているので何らかのてこ入れが必要な可能性が高いことを表しています。

そして、RPGが何%あればいいのかという基準については次頁の図3のとおりです。

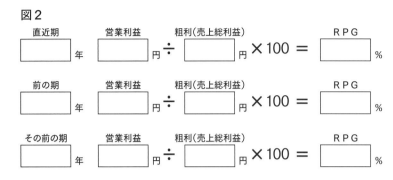

図3

RPGは20%以上を目指そう	
・RPG 30%以上	★★★★
エクセレントカンパニー（すばらしい経営）	
・RPG 20～29%	★★★
優良企業（多少のゆとり）	
・RPG 10～19%	★★
健全企業（未来が見える）	
・RPG 1～9%	★
とんとん（油断できない）	
・RPG 0%未満	
赤字企業（社長交代危機）	

まずは、RPG10%以上の健全企業を、そして、**できればRPG20%以上の優良企業を目指してください。**

さて、損益計算書からRPGを計算できたところで、損益計算書の意味を簡単に解説しておきたいと思います。

＊損益計算書に通じている方は、次の項目に進んでいただいてもかまいませんが、損益計算書の使い方を理解しておくと、何に力を入れるとRPGが高まるかが簡単に分かるようになりますし、説明する際の参考にもなりますので、できればお読みください。

損益計算書というのは、毎年1年間の売上や経費、利益の金額が書かれたもので、**その会社の1年間の成績表**ということができます。

図4に則してご説明します。

まず、**売上高**（A）というのは、その年1年間の売上額の合計をいいます。本書では「売

図 4

損 益 計 算 書

（自 ＿＿＿年 ＿月 ＿日　至 ＿＿＿年 ＿月 ＿日）

（単位：円）

科　　目	金　　額		
売上高		**100,000,000**	…A 売上
売上原価		**60,000,000**	…B 変動費
売上総利益		**40,000,000**	…C 粗利
販売費及び一般管理費		**32,000,000**	…D 固定費
営業利益		**8,000,000**	…E
営業外収益			
受取利息	650,000		
受取配当金	470,000		
為替差益	100,000		
その他	0	**1,220,000**	
営業外費用			
支払利益	845,000		
棚卸資産評価損	365,000		
為替差損	35,100		
その他	10,000	**1,255,100**	
経常利益		**7,964,900**	
特別利益			
固定資産売却益	1,000,000		
前期損益修正益	20,000		
賞与引当金戻入額	3,000		
製品保証引当金戻入額	0		
その他	0	**1,023,000**	
特別損失			
前期損益修正損	10,000		
固定資産除売却損	500,000		
貸倒引当金繰入額	0		
その他	0	**510,000**	
税引前当期純利益		**8,477,900**	
法人税、住民税及び事業税	2,543,370		
法人税等調整額	△ 52,000	**2,491,370**	
当期純利益		**5,986,530**	

上」と表示します。

次に、**売上原価**（B）というのは、材料の仕入や加工、外注にかかった経費など、売上が増えるとこれに連動して増える経費（売上が減るとこれに連動して減る経費）の合計額をいいます。売上の増減とともに上がったり下がったりする経費なので、本書ではこれを**「変動費」**と表示します。

売上（売上高）**から変動費**（売上原価）**を引いたもの**（A－B）**が売上総利益**（C）になります。売上総利益は一般的には「粗利」と呼ばれることが多いため、本書でも**「粗利」**と表示します（図5）。

そして、**販売費及び一般管理費**（D）というのは、社員の給料や事務所の家賃といった売上が増減しても額が大きく変動しない経費のことをいいます。略して「販管費」と呼ばれることも多いですが、

図5

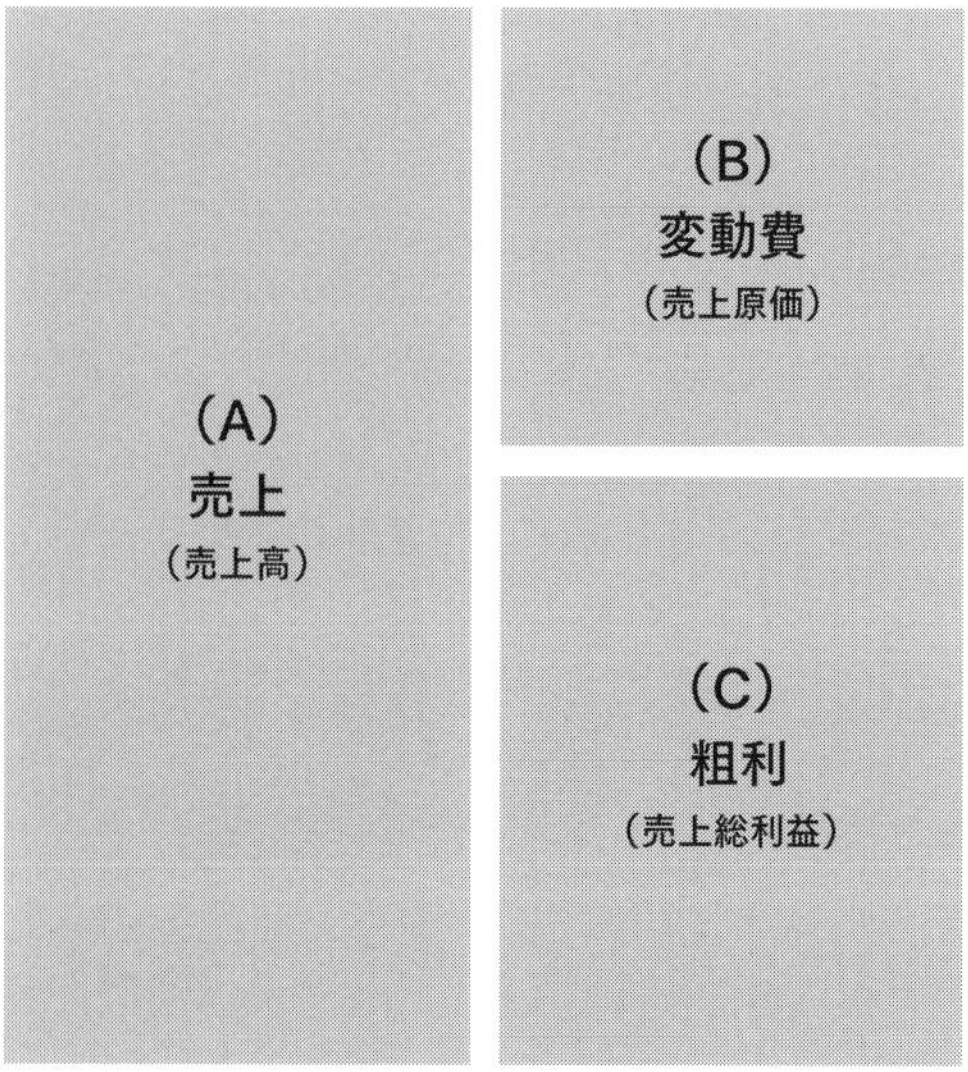

図6

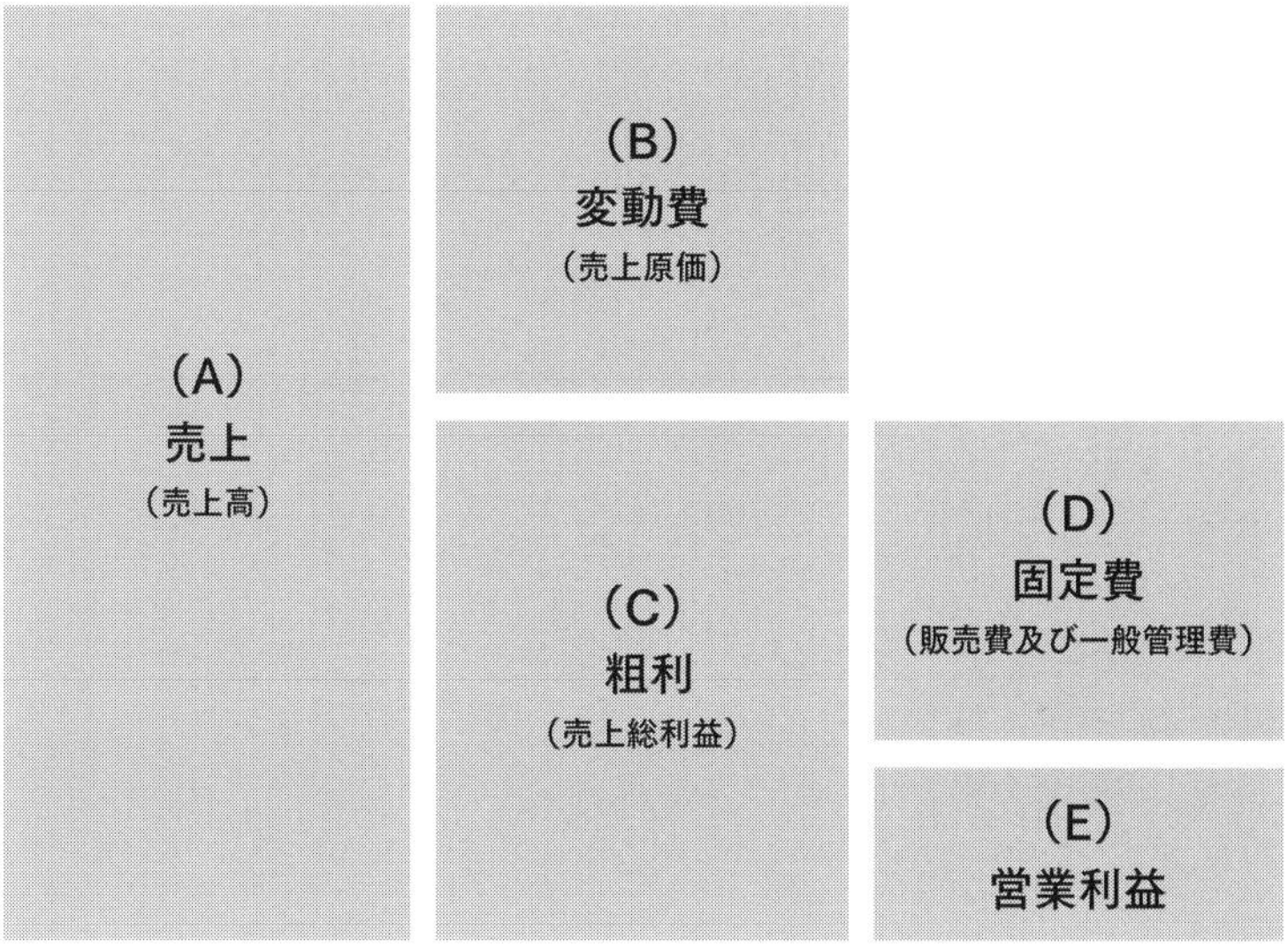

売上の増減にかかわらず固定的に必要な経費となるため、本書ではこれを**「固定費」**と表示します。

粗利（売上総利益）**から固定費**（販売費及び一般管理費）**を引いたもの（C－D）が営業利益**（E）になります（図6）。

また、損益計算書の営業利益の項目の下には「営業外収益・費用」「経常利益」「特別利益・損失」「当期純利益」といった項目が記載されています。

営業外収益・費用は利息や為替、賃料収入など本業以外の定期的な得失を意味し、特別利益・損失は固定資産の売り買いなど本業以外の一時的な得失を意味していますが、本書では営業利益より下の項目は重視していません。その理由については後ほど説明いたします（27ページ参照）。

なお、業種などによっては、売上原価と変動費が一致しないことや、販売費及び一般管理費と固定費がイコールでないこともあります。この点については第3章で詳しく解説しますが、まずは細かいことは脇に置いておいて、

売上－変動費＝粗利
粗利－固定費＝営業利益
営業利益÷粗利×100＝RPG

ということだけ頭に入れておいてください。

2 経営が伸びないのは、「エンジン」でなく「メーター」に問題があった

経営者であれば、経営をもっと伸ばしたい、よりいい会社を作りたいと考えるのは当然

のことです。

しかし、うまくいっている会社ばかりではありません。

たとえば、和菓子の製造販売をするA社は、創業60年を誇る老舗です。長年の固定客がいるおかげで大幅に売上を落とすことはないものの、近年は前年対比97％、96％と毎年少しずつ減っています。決算書を見ると何とか利益を確保できていたので、社長はホッと胸をなで下ろしていますが、売上減に歯止めをかける方法が見つからず、このままでは赤字に転落してしまうのではないかと実は不安に感じています。

また、店舗でのコピーサービスや、データの出力、印刷サービスを展開するB社は、売上を増やすために新規店舗を出店したり、新たに広告を出稿したり、売上増に対応する従業員を確保するために奔走したりと、社長は目の回るような毎日を過ごしています。その結果、確かに売上は増えているのですが、経営が楽になった実感がありません。店舗を出店するたびに借金が増えて結局は毎月の返済に追われ、月末には口座の残高が気になっているというのが実情です。

このようなことがあると、社長は「自社の戦略は何かが間違っている」と感じ、外部から幹部を招聘したり、突然、経費削減の号令をかけたり、時にはリストラで従業員を削減したりしようとします。

しかし、このようなことで悩んでいる会社は、たった1つ、あることをするだけで経営が大幅に改善する可能性があります。それは**経営の「メーター」を取り替えること**です。

すなわち、毎年の決算書を見て、黒字だったか赤字だったかを確認し、一喜一憂しているA社の社長は、経営のメーターが「利益が出たか、損失が出たか」になっているのです。この場合、経営のメーターをRPGに取り替えていただき、まずは10%、できれば20%を目指すようにすればいいのです。

また、新規出店による売上増を繰り返すB社の社長は、経営のメーターが「売上が増えたかどうか」になっています。この場合も、経営のメーターをRPGに取り替えていただければ、経営を伸ばせる体制が作れます。

なぜなら、黒字か赤字かのぎりぎりのラインを行き来しているA社のような状態では、近所に競合店ができたとか、思わぬ自然災害にあったなどちょっとした外的要因によって一気に大幅な赤字転落に陥る可能性があります。将来に備えた投資をする余力がなく、そればかりか十分なキャッシュが確保できずに黒字倒産の危険性すらあります。この状態から脱し、ＲＰＧを高め、利益を確保し、内部留保を高めれば、倒産の危険は遠ざかり、将来に向けた投資をする余力も生まれるのです（なぜＲＰＧが高まると、内部留保が増えるのかについては本章の４項で後述します）。

また、利益を確保できないまま、借金を原資に多店舗展開を進めるＢ社は、店舗が増えていく分、有名にはなりますが、どんどん利益率が下がることによって経営の危険性は増していってしまいます。Ｂ社でも、同様にＲＰＧを高める経営をすれば、借金の返済に追われることはない、強い会社を作ることができます。

会社がうまくいかない時、広告を打つ、店舗を増やす、経費を削減するといった戦略をとることは、車の運転に例えると、いわばエンジンを取り替える作業に当たります。もっとパワーが出るエンジンがいいのではないかとか、もっと燃費がいいエンジンがいいのではないかと部品を取り替えるようなものです。

また、外部からリーダーを招聘したり、あるいはこれまでいた従業員をリストラしたりするといった戦略は、車のドライバーを交代させるようなものです。

しかし、果たしてその戦略で、車が思い通りに走っているかを測定できるでしょうか。車を速く走らせたければ正確なスピードメーターが必要になります。一方で、燃費を気にして効率よく車を走らせたければ、正確な走行距離計が必要になります。

いい会社を作りたいといいながら、黒字か赤字かしか気にしないというのは、エンジンの回転数を示すタコメーターを見ながら、車のスピードが上がらないと悩むようなものです。また、売上を増やすことばかりに精を出すということは、エンジンのパワーばかりに気をとられ、速度も燃費も考えずにアクセルをふかしているようなものです。

悪いのはエンジンでも、ドライバーでもありません。
まずは、RPGという経営のメーターを会社に設置してあげてください。

3 なぜRPGが最も優れたメーターなのか

経営者は会社の経営を伸ばすためにさまざまな判断をしなければなりません。正しい経営判断をするためには、経営状態や財務状態を分析する数値を把握することが必要です。一般的には、この経営状態を把握するための数値は「経営指標」と呼ばれています（私はイメージがしやすいように、「メーター」と呼びました）。

経営指標には、本当にさまざまな種類があります。たとえば、営業利益率、経常利益率、自己資本比率、流動化率、ROA（総資産利益率）、ROE（自己資本利益率）といった指標は耳にしたことがある方も多いかと思いますが、そのほかにも数え切れないくらいの指標があるのです（聞いたことがなくても、まったく問題はありません）。

本書でも、必要に応じて他の指標についても簡単に解説を加えていきますが、基本的には**RPGのみを理解していれば、他の指標を気にする必要はない**と考えています。

図7

	A社 卸売業	B社 サービス業
売上	5億円	1億円
粗利（売上総利益）	5000万円	1億円
営業利益	800万円	1200万円
営業利益率	1.6%	12%

なぜ、RPGが経営のメーターとして最適なのか。
これには大きな2つの理由があります。
それは、

①シンプルで分かりやすい
②どの業種でも同じ指標を使える

ということです。

①シンプルで分かりやすい

経営指標の中には、計算式が非常に複雑になるものも少なくないのですが、RPGは、

営業利益 ÷ 粗利（売上総利益）× 100

の計算式で求めることができ、非常にシンプルです。

計算に必要な数字は「営業利益」と「粗利（売上総利益）」の2つだけですから、決算書（損益計算書）があれば誰でも簡単に計算することができます。

図8

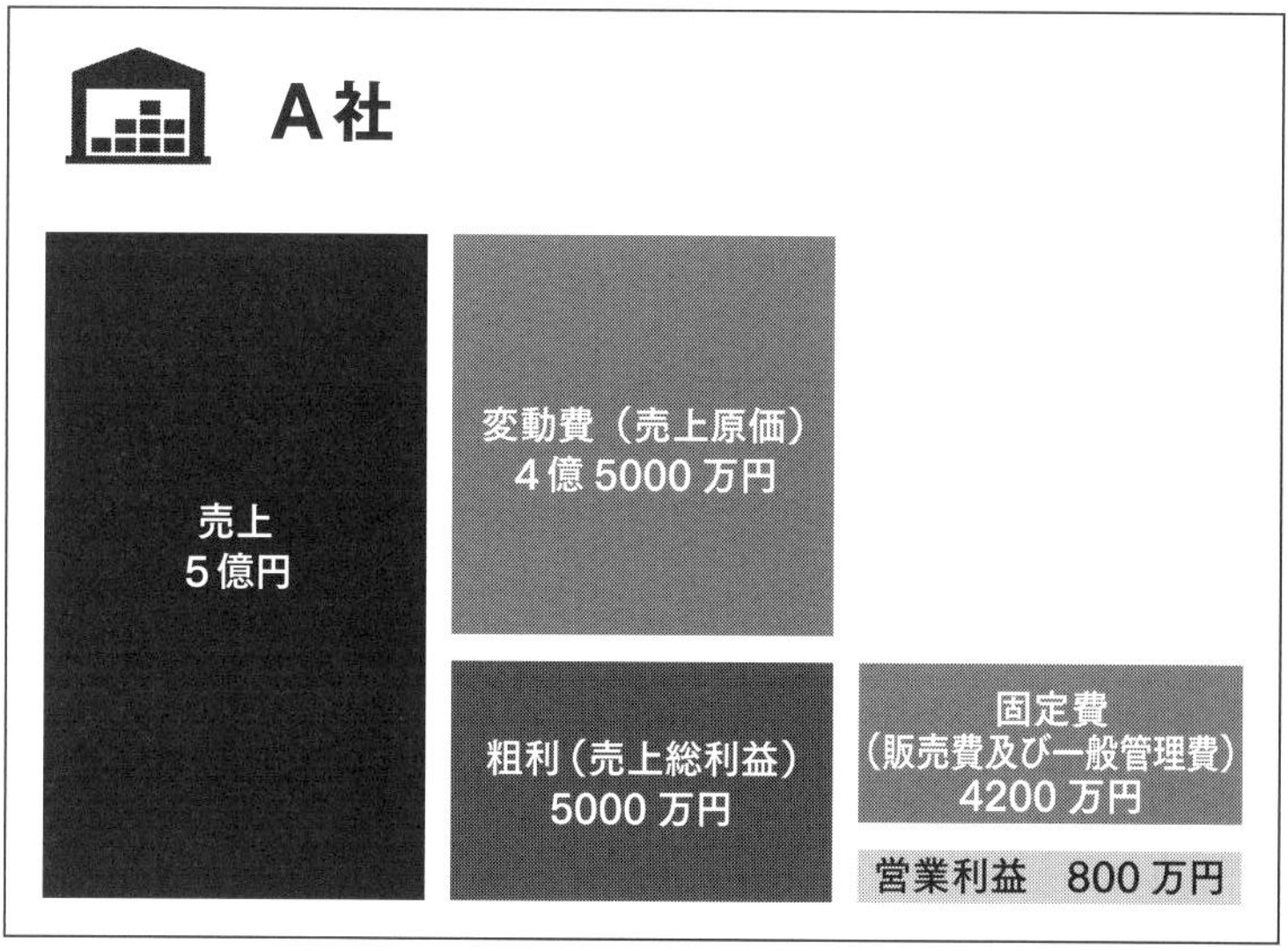

②どの業種でも同じ指標を使える

まず、図7のA社とB社を比べてみてください。

■メーカーA社の場合

A社は、売上が5億円あるものの、卸売業のため変動費（仕入）が大きいので粗利が10%の5000万円しか確保できていません。固定費を差し引いた後の営業利益は800万円で、売上に対する営業利益率は1・6%です（図8）。

■サービス業B社の場合

一方、B社は売上こそ1億円ですが、

図9

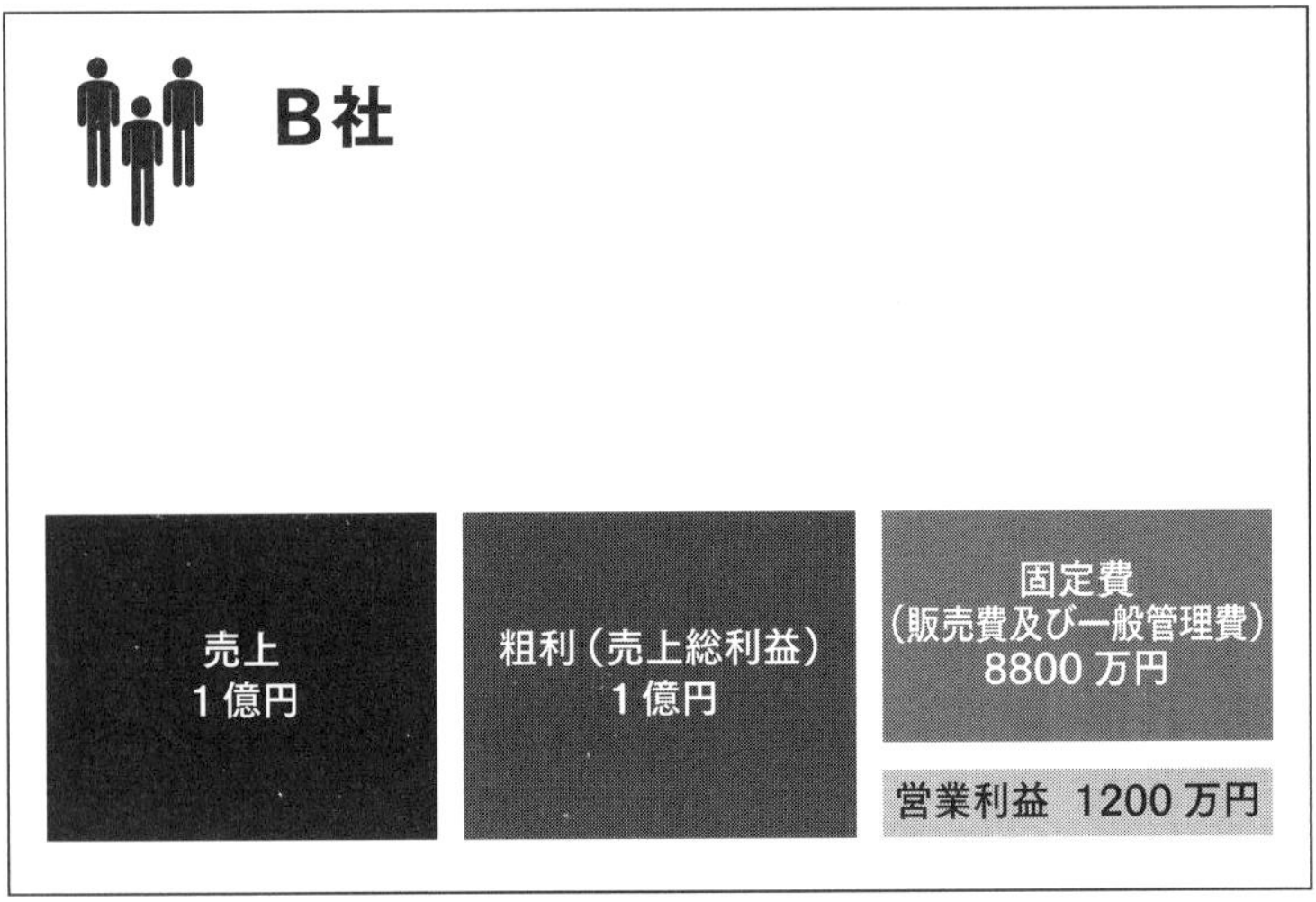

サービス業で粗利が１００％という業態です。固定費を差し引いた後の営業利益は１２００万円確保しており、営業利益率は12％となっています（図９）。

■メーカーA社とサービス業B社の比較

このA社とB社を比べた時、どちらの会社がいい経営をしていると感じますか？

私はたくさんの経営者にこの質問をしたのですが、ほとんどの方は「B社のほうがいい経営をしている」という意見でした。

おそらく、「A社は売上の割に粗利が少ない」「B社のほうが営業利益率が高い」というのがその理由かと思います。

しかし、実は、経営状態がいいのはA社

のほうです。

このことは、2つの会社のRPGを計算してみれば分かります。

A社
営業利益　800万円÷粗利5000万円×100＝RPG16%
B社
営業利益1200万円÷粗利1億円　×100＝RPG12%

A社のほうがRPGが高いのです。

それでも納得いかない方のために、仮にそれぞれの会社が売上を翌年15%落としてしまったと仮定して、さらに具体的にご説明しましょう。

まず、A社は、売上の15%を失うと、売上は5億円から4億2500万円に減少します。

その結果、前年は4億5000万円必要だった商品の仕入（変動費）も15%減少して3億8250万円になりますので、粗利は4250万円残ることになります（図10）。

図 10

A 社が売上を 15％落としたと仮定した場合①

図 11

A 社が売上を 15％落としたと仮定した場合②

一方で、A社の固定費は前年と変わらず4200万円なので、結果としてなんとか50万円だけ営業利益を確保することができることになります（図11）。

次に、B社も同様に売上が15％減少した場合を見てみましょう。

まず、売上が1億円から8500万円に減少すると、B社

図12

B社が売上を15%落としたと仮定した場合①

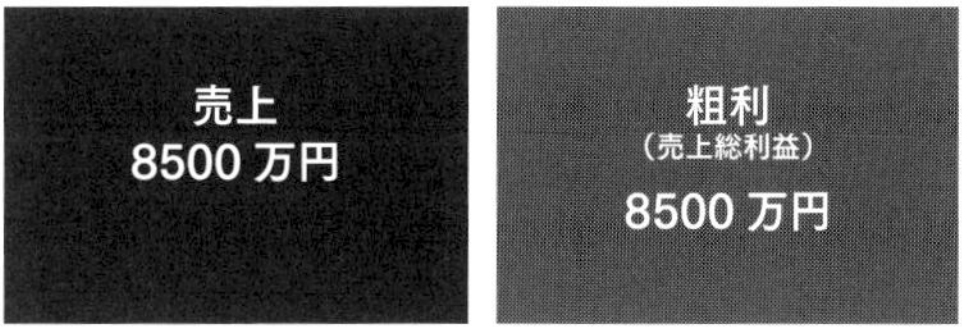

図13

B社が売上を15%落としたと仮定した場合②

は粗利100%のサービス業ですから粗利も8500万円になるということになります（図12）。

一方で、固定費は前年と変わらず8800万円なので、結果としてB社は300万円もの赤字（損失）を計上することになってしまうのです（図13）。

■営業利益率よりもRPGを目安にする

このように、A社は売上が15%減ったとしても利益を確保できるのに対し、B社は売上を15%失うと大きな損失を出してしまいます。つまり、この2社を比べるとA社のほうが収益性、安定性の高い「いい経営」をしているといえるのです。

営業利益率はB社のほうが高いのに意外な感じがするかもしれませんが、A社のような卸売業では、変動費の割合が高いため、売上が下がってもそれに連動して変動費が下がるので、一定の利益を確保できるのです。これに対し、B社のように変動費の割合が低いサービス業では、売上が下がったとたんに固定費を負担しきれず、すぐに赤字に転落してしまうことがあるのです。

つまり、変動費の割合は業種などによって異なりますので、営業利益率が何%くらいあれば安全かという目安も業種や会社ごとに違ってきてしまいます。営業利益率12%だったサービス業のB社より、営業利益率1・6%だった卸売業のA社のほうが安全だったことがこれを示しています。

営業利益率は10%あれば優秀だと言われることがありますが、必ずしもそうではありません。サービス業では20%くらいないと安心できないのに対し、卸売業では2%あれば優秀だといえます。

このことからも、**すべての業種、すべての会社で共通して使える経営指標としては、営業利益率はあまり適切ではない**のです。

この点、RPGはどんな業種、どんな会社にも共通して使えるメーターになります。**どんな会社でも、まずはRPG10%を、できれば20%を目指せばいいのです。**

4 なぜメーターはRPGたった1つでいいのか

RPGが非常に優れた経営指標で、経営のメーターにするといいことは分かったけれど、経営指標は他にもいろいろあるのだから、複数のメーターを使い分ければいいのではないかという意見も聞こえてきそうです。

しかし、私は、会社を経営していくメーターはRPGたった1つでいいと考えています。

その理由は3つあります。

理由その1　いくつもの経営指標を同時に意識できないから

普通の人にとって、同時に複数のことを意識して方針決定をし、行動するというのは難しいものです。聖徳太子は同時に10人の話を聞いたと言われていますが、普通の人には無理な話だと思います。

たとえば、右手で繰り返し四角形を描きながら、左では三角形を描き、それと同時に足踏みで三三七拍子のリズムをとることができますか。どれか1つであれば簡単だと思うのですが、3つ同時に実行することはかなり難しいと思います（私にはできません）。

いくつもの経営指標を同時に追い求めるということには、これと同じ難しさがあります。

RPGを高めるための方策を考えて実施しながら、自己資本比率を高めるための方策を考え、さらにROAも高めたい、などと思っても、結局はどれもあいまいになり中途半端な施策しかとれなくなってしまうものです。

だとしたら、経営のメーターは1つでいいと決め、RPGを高めることだけに集中したほうが、結果的にいい会社が作れるのです。

なお、規模の大きい会社や上場している会社では、株主や金融機関などのステークホルダーから複数の経営指標を向上させるよう要求されると思います。しかし、会社の規模がそこまで大きくない間、目安としては売上規模10億円以内、従業員規模100人以内の間は、RPGを高めることだけを意識して経営をしていけば十分だと思います。

理由その2　RPGが高まると、他の経営指標も軒並み高まるから

RPGが高まれば、営業利益率や自己資本比率、流動化率といった指標も自然と高まるので、RPGだけを考えて経営しておけばよいのです。

具体的にご説明しましょう。

■RPGと営業利益率の連動性

営業利益率は、売上に対する営業利益の割合を示す指標で、

営業利益　÷　売上　×　100

で計算することができます。この営業利益率を高めることを意識している会社も多いと思います。

図14を見てください。この会社は売上1億円に対し変動費が3000万円、粗利が7000万円となっています。また、固定費が6500万円あるので、営業利益は500万円という状態でした。

この時のRPGは、

営業利益 500万円 ÷ 粗利 7000万円 × 100 = 7%

となります。

また、営業利益率は、

営業利益 500万円 ÷ 売上 1億円 × 100 = 5%

となります。

この会社が売上を1割増やすことに成功してRPGを高めたとします（図15）。
売上は1割増で1億1000万円、変動費も1割増で3300万円となりますが、粗利が7700万円残ります。固定費は6500万円のまま変わりませんから、営業利益は1200万円に増えます。
この場合のRPGは、

営業利益 1200万円 ÷ 粗利 7700万円 × 100 = 16%

です。

また、営業利益率は、

図 14

売上を伸ばして RPG を高めれば営業利益率も連動して高まる

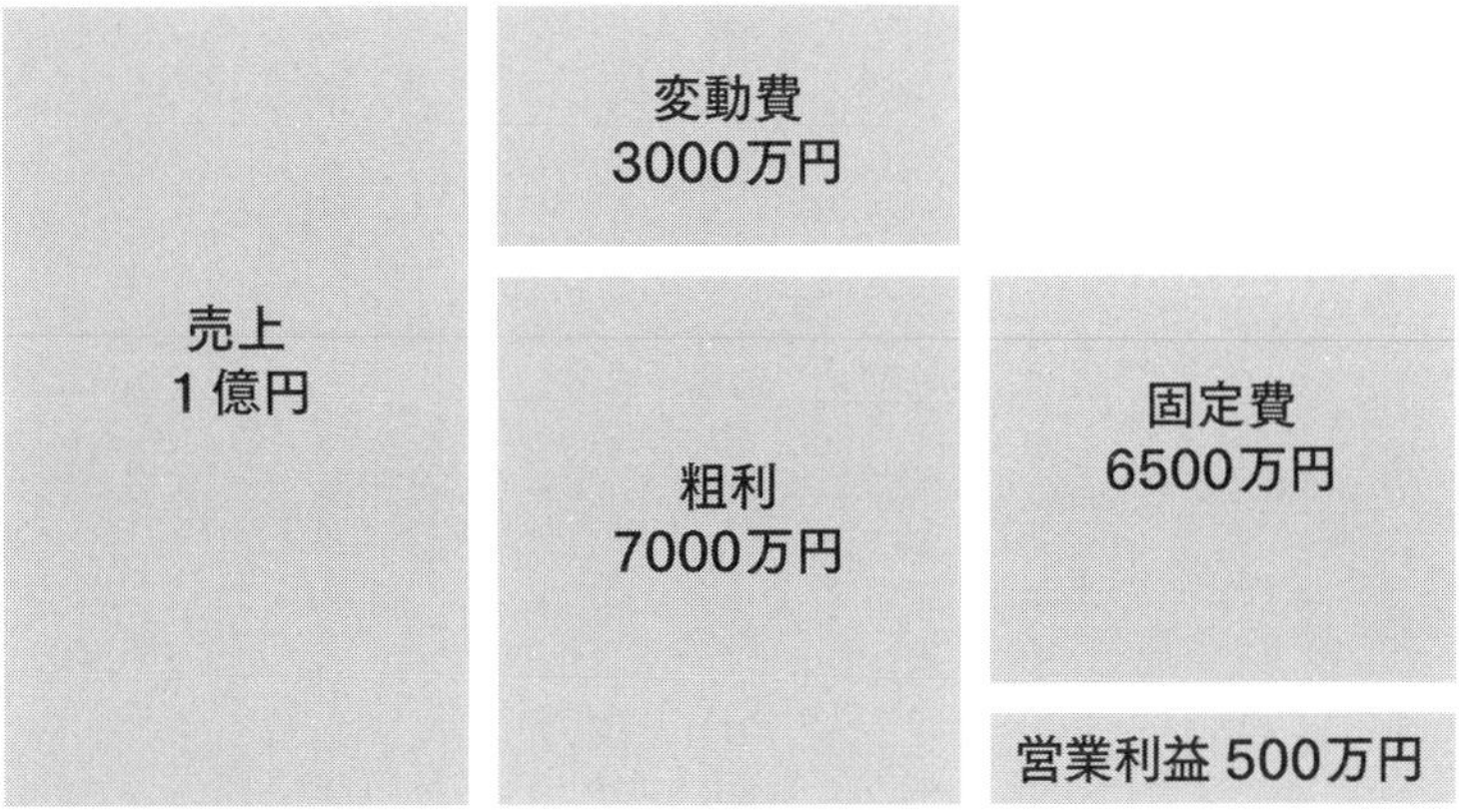

[営業利益率]
500 万円 ÷1 億円 ×100＝5%

[ＲＰＧ]
500 万円 ÷7000 万円 ×100≒7%

図 15

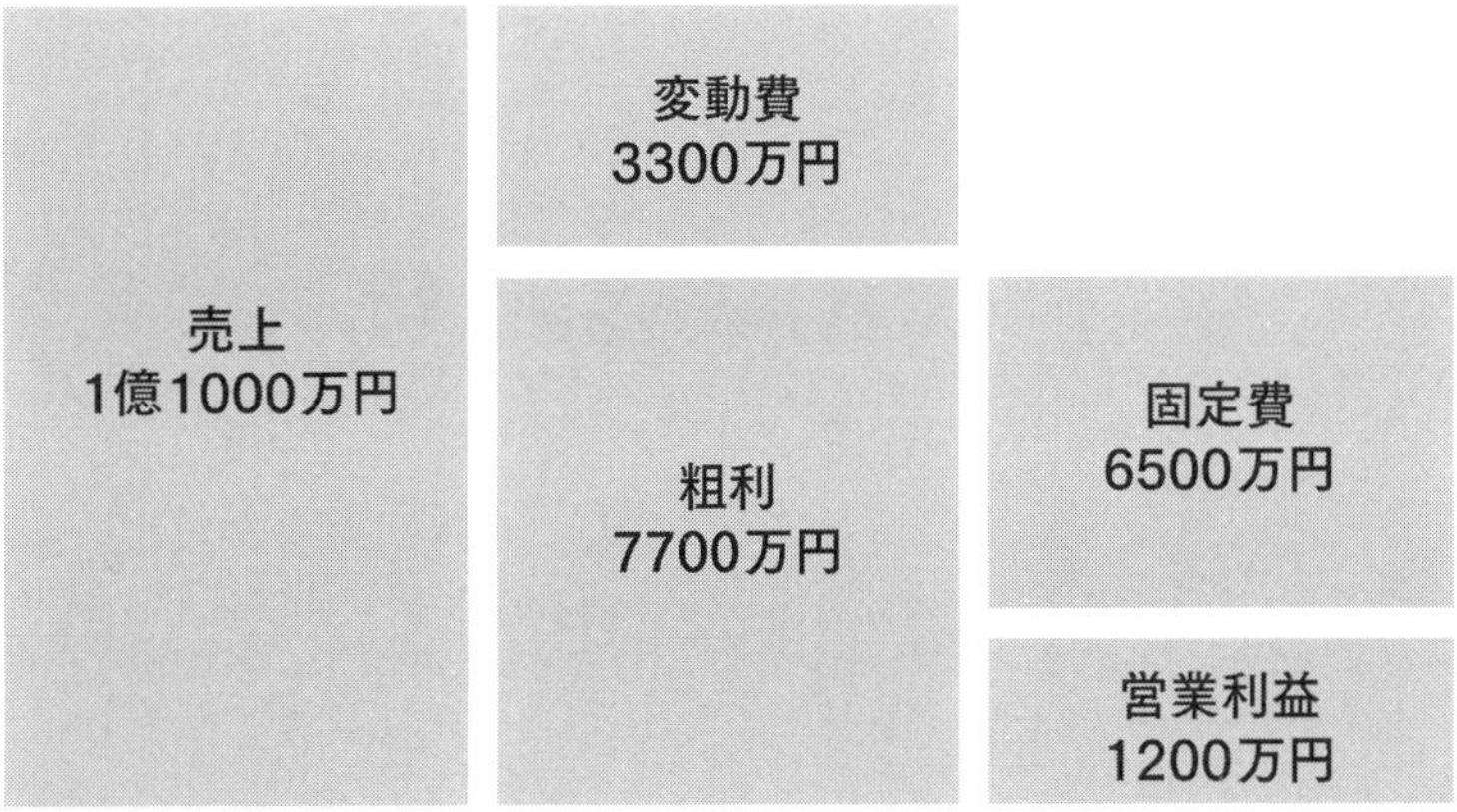

[営業利益率]
1200万円 ÷1億1000万円 ×100≒11%

[ＲＰＧ]
1200万円 ÷7700万円 ×100≒16%

営業利益 1200万円 ÷ 売上 1億1000万円 × 100 = 11%

となります。

RPGが7%（図14）から16%と2倍以上に上がった時、営業利益率も5%（図14）から11%と2倍以上になっており、両者が連動していることが分かります。

この会社が固定費を500万円削減することに成功してRPGを高めた場合も見てみましょう（図16）。

この場合、当初と売上、変動費、粗利は変わりませんが、固定費が500万円減って6000万円となることで、営業利益が500万円増えて1000万円となります。

この場合のRPGは、

営業利益 1000万円 ÷ 粗利 7000万円 × 100 = 14%

です。

また、営業利益率は、

営業利益 1000万円 ÷ 売上 1億円 × 100 = 10%

となります。

図 16

固定費を削減して RPG を高めても営業利益率は連動して高まる

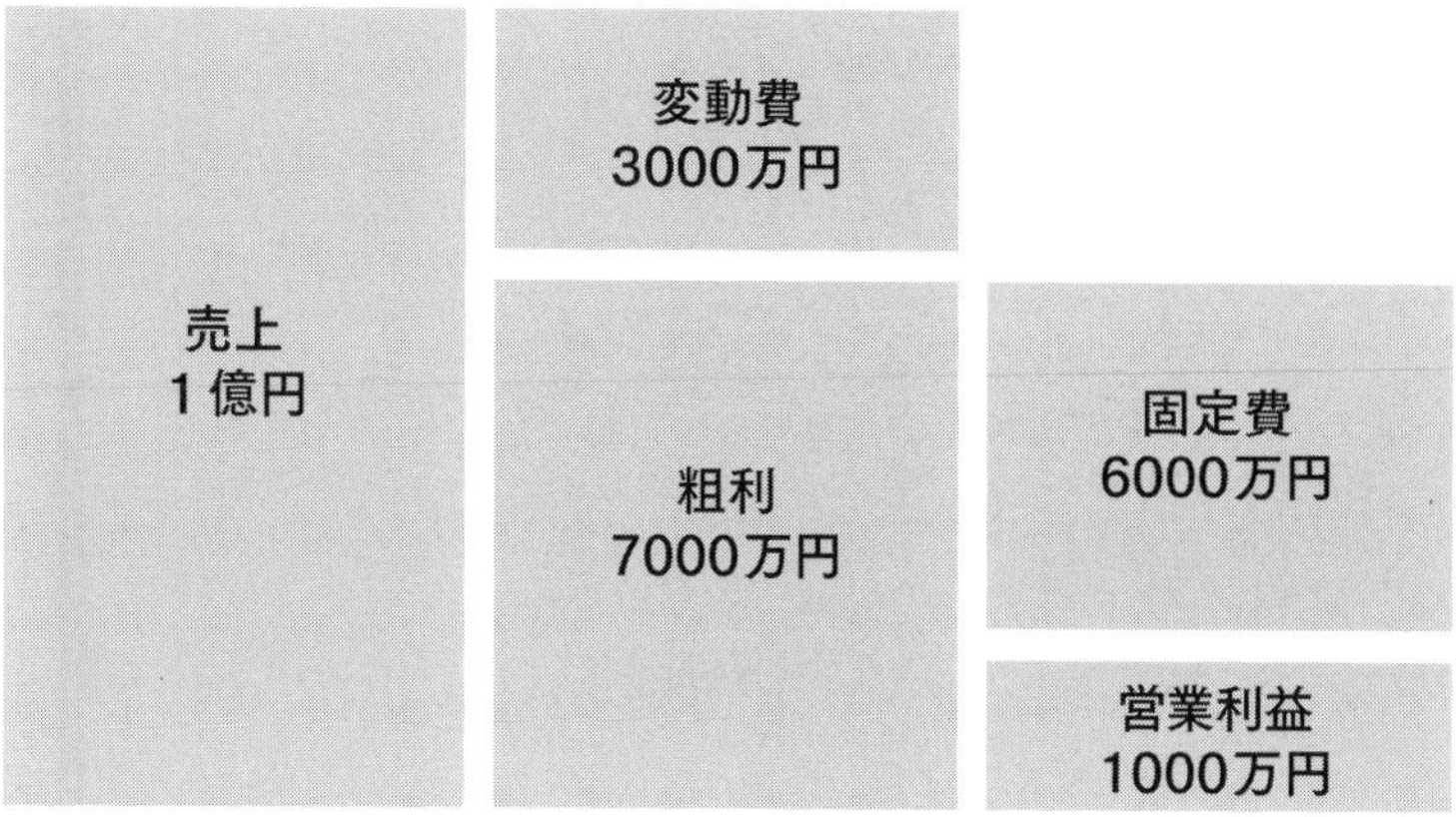

［営業利益率］
1000万円 ÷1億円 ×100＝10%

［RPG］
1000万円 ÷7000万円 ×100≒14%

RPGが7%（図14）から14%に倍増した時、営業利益率も5%（図14）から10%に倍増しており、この場合も両者が連動していることが分かります。

■RPGと自己資本比率の連動性

自己資本比率は、決算書の貸借対照表を使って算出する経営指標です。詳しくは第5章でお話ししますが、現段階では理解できなくても読み飛ばしていただいてまったく問題ありません。

自己資本比率は、貸借対照表の総資産に対する純資産（自己資本＝返済する必要のないお金）の割合を示す指標で、

純資産 ÷ 総資産 ×100

の計算式で算出することができます。自己資本比率が高いほど、借金に頼らない健全な経営をしているといえます。

この前提で図17を見てください。

図 17

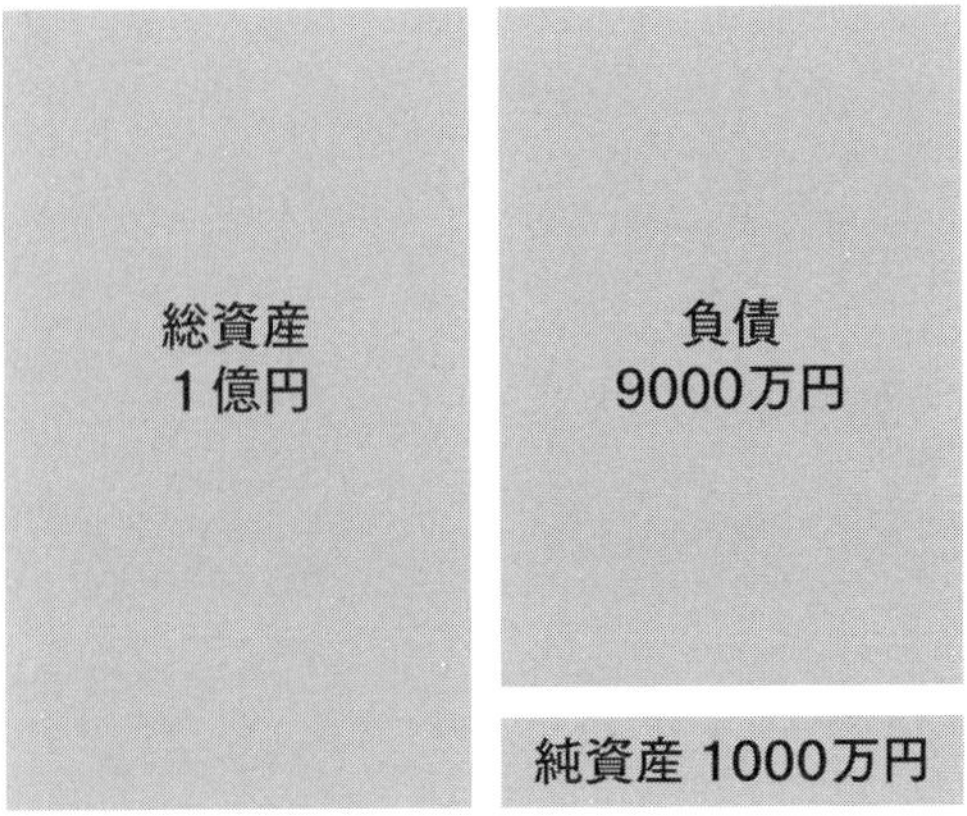

［自己資本比率］
1000万円 ÷1億円 ×100＝10%

この会社は、総資産1億円に対して負債が9000万円あるので、純資産額は1000万円で、自己資本比率は、

純資産 1000万円 ÷ 総資産 1億円 × 100 ＝ 10%

となります。

そして、この会社が翌年、粗利5000万円に対して営業利益200万円のRPG4%という経営をした場合（図18）と、粗利7000万円に対して営業利益2200万円のRPG31%という経営をした場合（図19）で、自己資本比率がどのよう

図 18

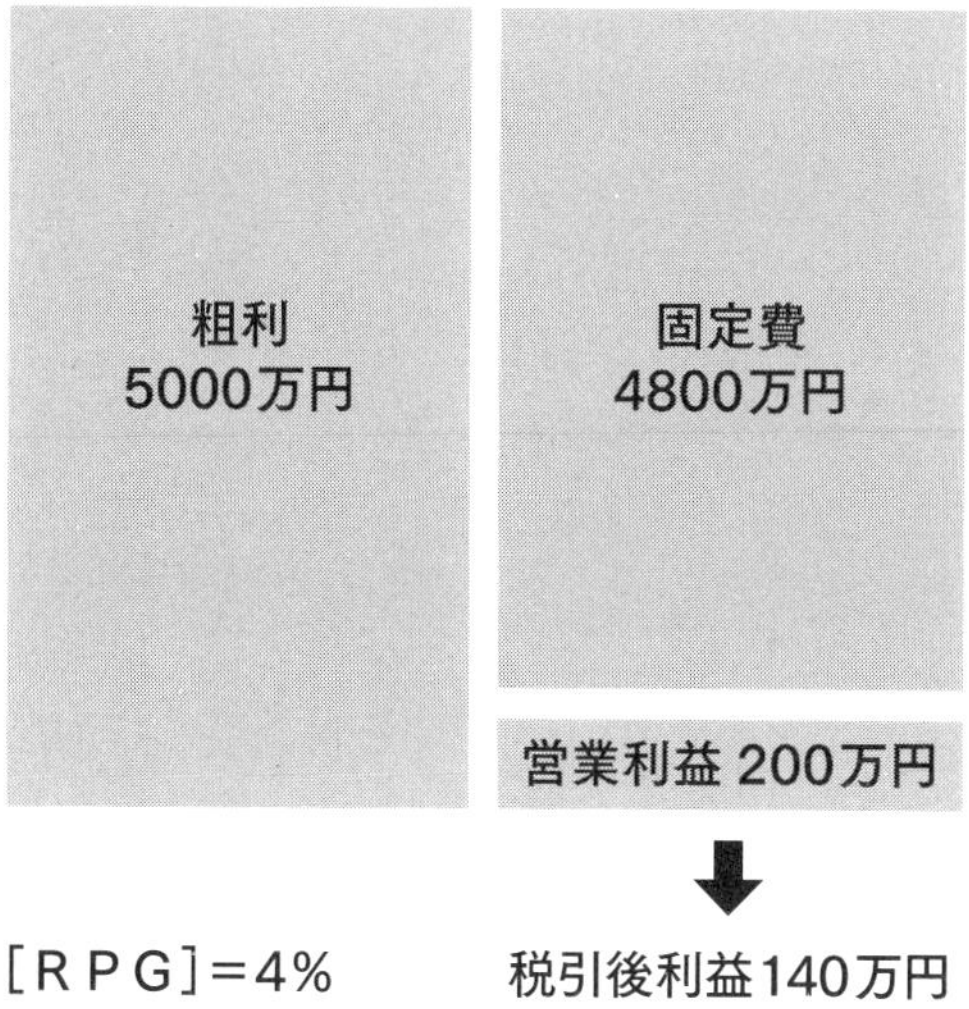

図 19

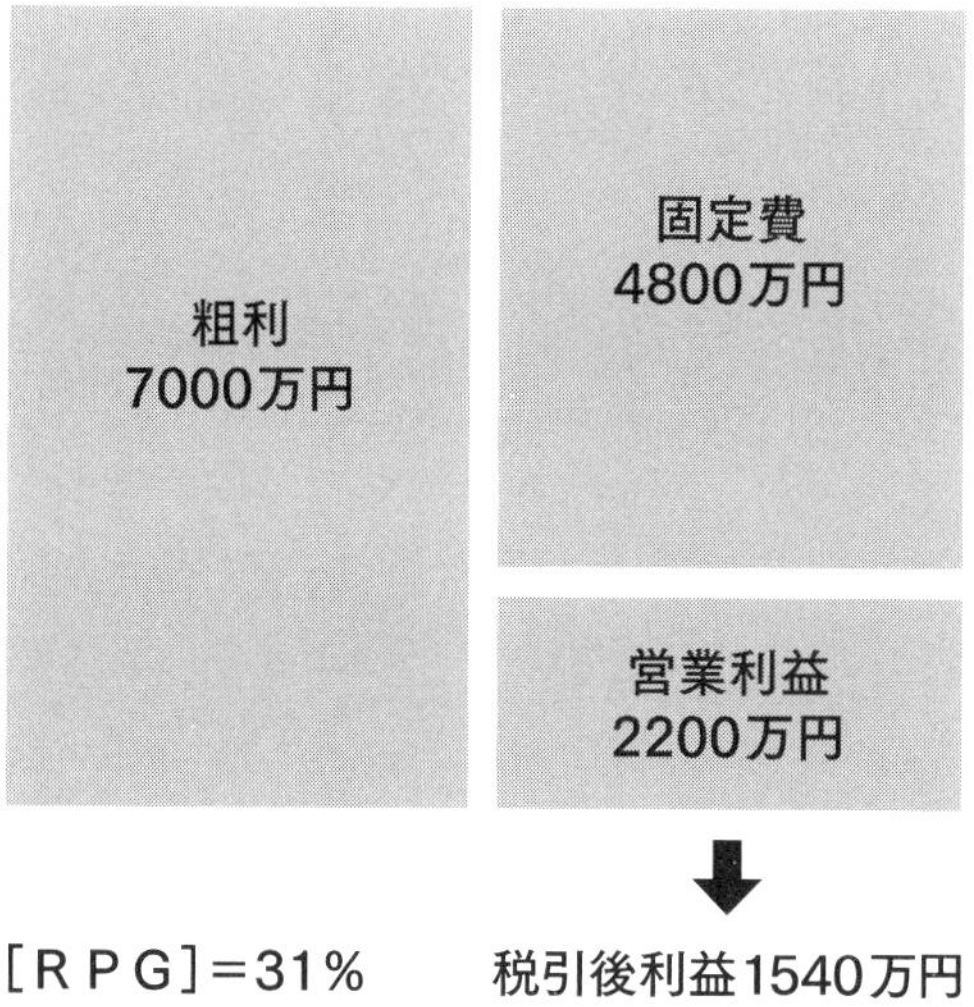

に変化するかを計算してみます。

前者の場合、営業利益２００万円の３割は法人税として納税し、残り７割の１４０万円が純資産に積み増されるので、総資産は１億１４０万円に、純資産は１１４０万円にわずかばかり増加することになります（図20）。

その結果、自己資本比率は、

純資産１１４０万円÷総資産１億１４０万円×１００＝11%

とわずかだけ改善します。

一方、後者の場合、営業利益２２００万円のうち、納税した残り７割の１５４０万円が

図 20

RPG が高まれば自己資本比率も連動して高まる

［自己資本比率］
1140 万円 ÷1 億 140 万円 ×100≒11%

図 21

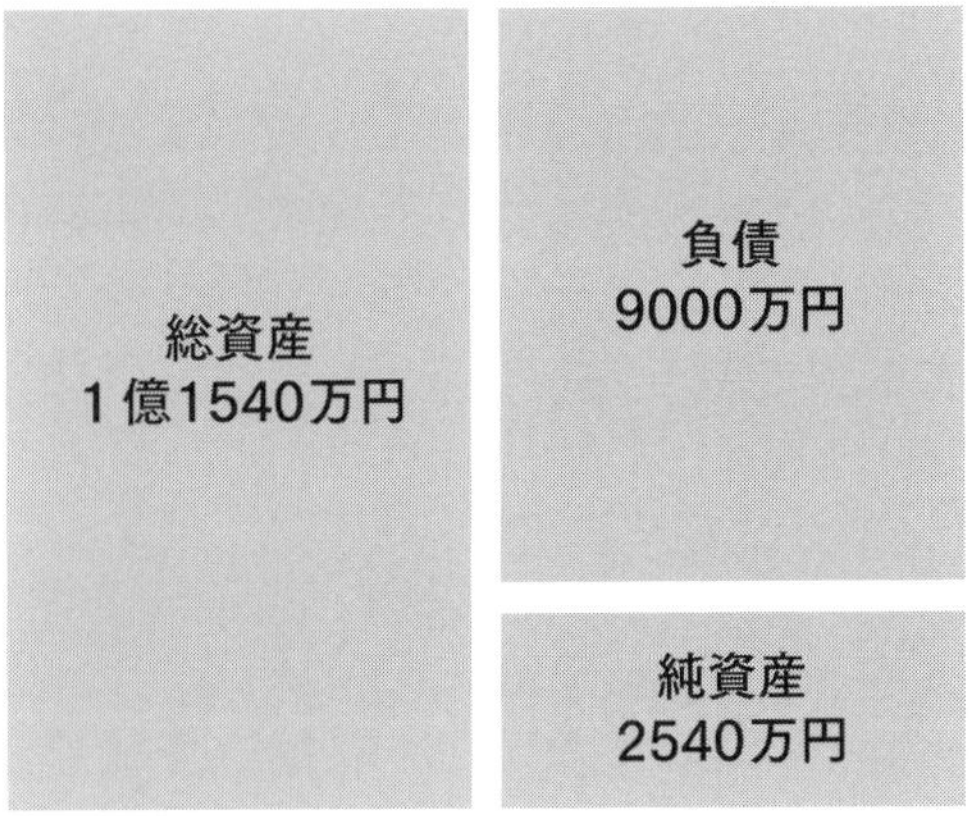

［自己資本比率］
2540 万円 ÷1 億 1540 万円 ×100≒22%

純資産に積み増されると、総資産は1億1540万円に、純資産は2540万円になります（図21）。

その結果、自己資本比率は、

純資産2540万円÷総資産1億1540万円×100＝22％

と大幅に改善することが分かります。

このように、高RPGの経営だけを心がけていれば、自然と自己資本比率も向上することが分かります。

なお、この例では、税引き後の利益をすべてキャッシュとして積み増すことを前提に解説しましたが、税引き後利益をすべて借金の返済に回し、総資産は変わらず、負債が減って純資産が増えるとしてシミュレーションしても、よほど特殊な事情がないかぎり、大幅に自己資本比率が高まるという結論に変わりはありません。

理由その3　RPGが会社の強さを示す、最も本質的なメーターだから

そして、最後の理由が、RPGがきわめて本質的な経営指標だということです。

■経常利益より、営業利益を重視する

よく「営業利益より、経常利益を重視すべきではないか」というご質問をいただくことがあります。確かに銀行が会社に融資をする際には、営業利益ではなく経常利益を見ていると聞くことがあります。

しかし、営業利益というのは、本業の売上から本業の経費を差し引いた本業の利益であるのに対し、経常利益というのは、さらにそこから本業外の利益や損失を差し引きした後の数字です。企業が経営を伸ばすということは、本業が儲かるということですから、経常利益を気にするのではなく営業利益を伸ばすことに集中すべきです。

銀行は企業がいい会社になることよりも「貸した金を返済できるか」に関心があるため経常利益を気にする傾向があるのですが、会社は営業利益を気にすべきなのです。

■自己資本比率を気にしない

自己資本比率を気にしながら経営する必要がないことについても触れておきます。

この点は、後でも詳しくお伝えしますが、RPGを計算する元となる損益計算書は、会社のその年1年間の成績表であるのに対して、自己資本比率を計算する元となる貸借対照

表は、会社が創業してからその年までのすべての歴史の成績表だといえます。

自己資本比率は、業種や会社の社歴によって、何%を目指せばいいかが千差万別で、あらゆる会社に通用するメーターとはなりません。

また、社歴の短い会社であれば、単年度でRPGの高い良い経営成績を収めれば、自己資本比率も一気に向上するということが可能ですが、社歴の長い会社の場合、先代や先々代からの負の遺産を抱えて経営しているようなケースもあり、1年や2年良い経営成績を上げてもなかなか自己資本比率は回復しないということもあります。

そのような意味からも、自己資本比率を経営のメーターにすることはおすすめしません。

■ROA、ROEよりもRPGを重視する

ROA（Return On Assets＝総資産利益率）とは、会社が持っているすべての資産を利用して、どの程度効率的に利益を上げているかを示す指標で、

当期純利益 ÷ 総資産 × 100

で算出されます。

また、ROE（Return On Equity＝自己資本利益率）とは、株主が拠出した自己資本を利

用して、どの程度効率的に利益を上げているかを示す指標で、

当期純利益 ÷ 自己資本 × 100

で算出されます。

いずれの指標も少し前まで、欧米でもてはやされた経営指標です。株主（投資家）から見ると、会社がお金を貯め込むのは利益追求策としては無駄で、会社は貯め込むお金があるなら投資をして次の利潤を生むべきだし、借金をしてでもそれ以上の利益を生む機会を逃してはいけないといった考えが根底にありました。

一般的に、日本企業は利益を内部留保として抱え込み、無借金経営を良しとする傾向があって非難を浴びていたのですが、この風潮は2020年に発生したコロナショックによって一変します。

ボーイング社の経営危機に代表されるように、内部留保のない会社はコロナショックに伴う突然の売上減に耐えられず、途端に会社の存続が危うくなったのです。これを潮目に、世界的にもROAやROEを偏重する株主至上主義の姿は影を潜め、突然の売上蒸発に備えるためにも、まずは利益を出して内部留保を厚くすることの重要性が再認識されるようになったのです。

このような意味からも、ＲＰＧを高める経営こそがいい会社をつくる本質だといえるのです。

5 ＲＰＧを高める方法は3つだけ

ここまで読んでいただいたみなさんには、いい会社を作りたければ、ＲＰＧを高めることだけを考えればよいことがご理解いただけたかと思います。

それでは、ＲＰＧを高めるためにはどうすればいいのか。その方法は、実は３つしかありません。

それは、

①売上を増やす
②変動費率（原価率）を下げる
③物経費（固定費）を削る

図 22

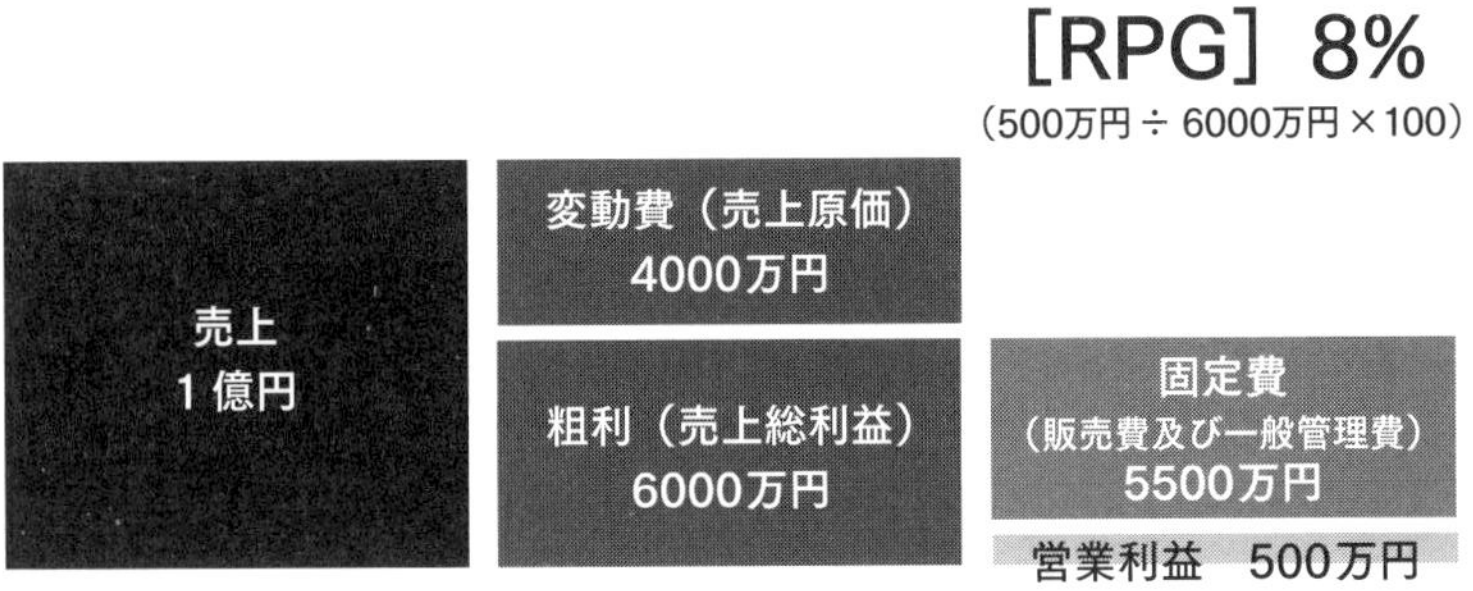

の3つです。

「本当にこの3つだけですか?」と感じる方もいるかもしれませんが、本当です。裏を返せば、「この3つの方法だけ考えること=経営」ですから、会社経営とは非常にシンプルなものだということができます。

一方、「そんなの当たり前じゃないか」と感じる方もいるでしょう。しかし、この単純な3つの方法だけを徹底して考え抜くのが経営だとすると、逆に経営とはとても奥深いものだということができます。

RPGを高める3つの方法の具体的な戦略については次章以降で詳しく検討しますので、ここでは3つの方法を実行実現した時に、どの程度RPGが高まるかについて、図22の会社を例にシミュレーションしてみましょう。

この会社の売上は1億円、変動費が4000万円あり、

図 23
売上 20%アップで RPG は８%→ 24%に

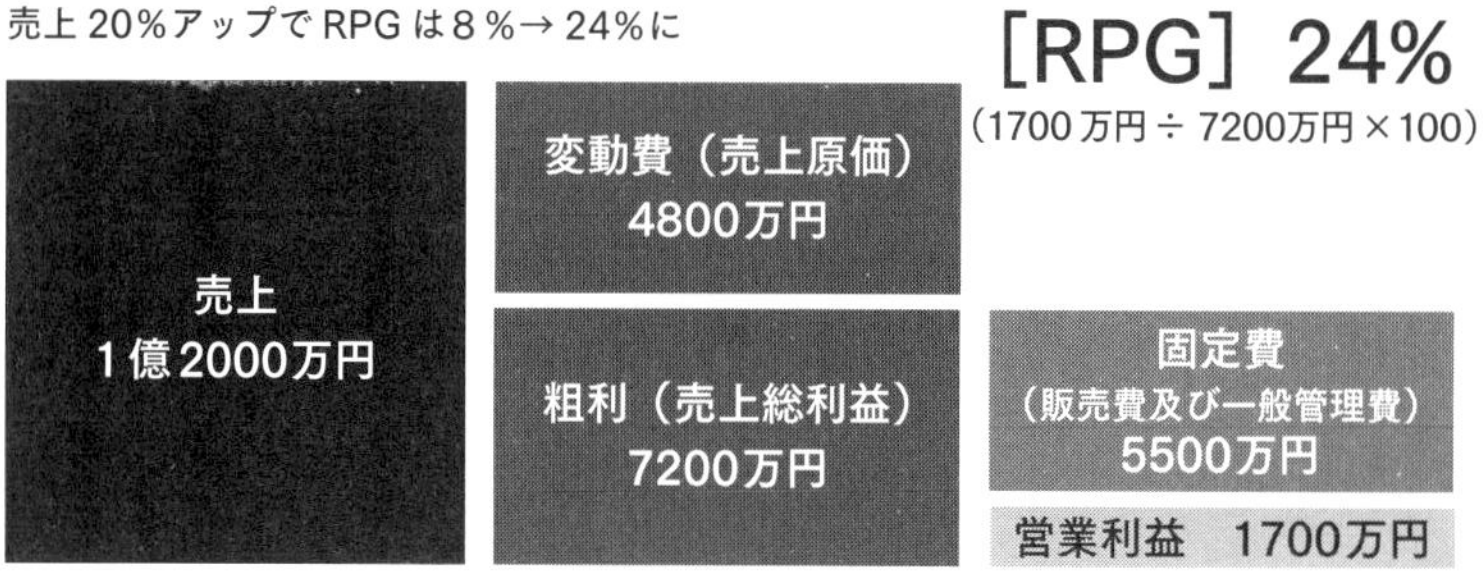

粗利が6000万円です。また、固定費が5500万円かかったので、営業利益は500万円でした。

この場合のRPGは、

営業利益 500万円 ÷ 粗利 6000万円 × 100

＝ 8%

ということになります。

①売上を増やす

仮に、この会社が売上を2割増やすことができたとしたら、RPGはどう変化するでしょうか。

まず、売上は2割増えるので、1億2000万円となります。これに連動して変動費も2割増えるので、変動費は4800万円となり、粗利は7200万円となります。そしてこの場合も固定費は5500万円のままですので、営業利益が1700万円に増えることになります（図23）。

図 24
原価率 20%減で RPG は８%→ 19%に

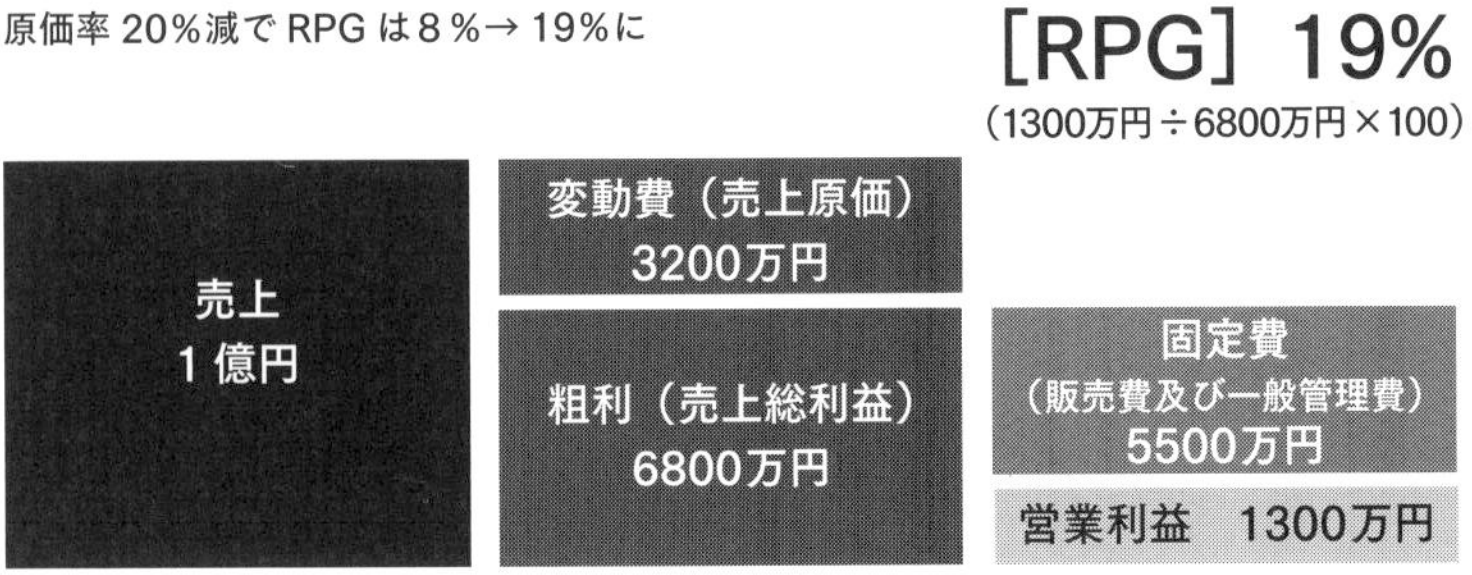

この場合のＲＰＧは、

営業利益１７００万円÷粗利７２００万円×１００＝24％

となります。売上を２割増やすことで、ＲＰＧが８％だった「とんとん」の会社が一気に、ＲＰＧ24％の「優良企業」になるのです。

②変動費率（原価率）を下げる

次に、この会社が変動費率を２割削減することができたとしたら、ＲＰＧはどのように変化するでしょうか。

まず、これまで４０００万円かかっていた変動費が２割減るので、３２００万円になります。その結果、粗利は６８００万円残ることになります。そして固定費は５５００万円のままですから、営業利益は１３００万円確保できることになります（図24）。

図25
固定費10%減でRPGは8%→18%に

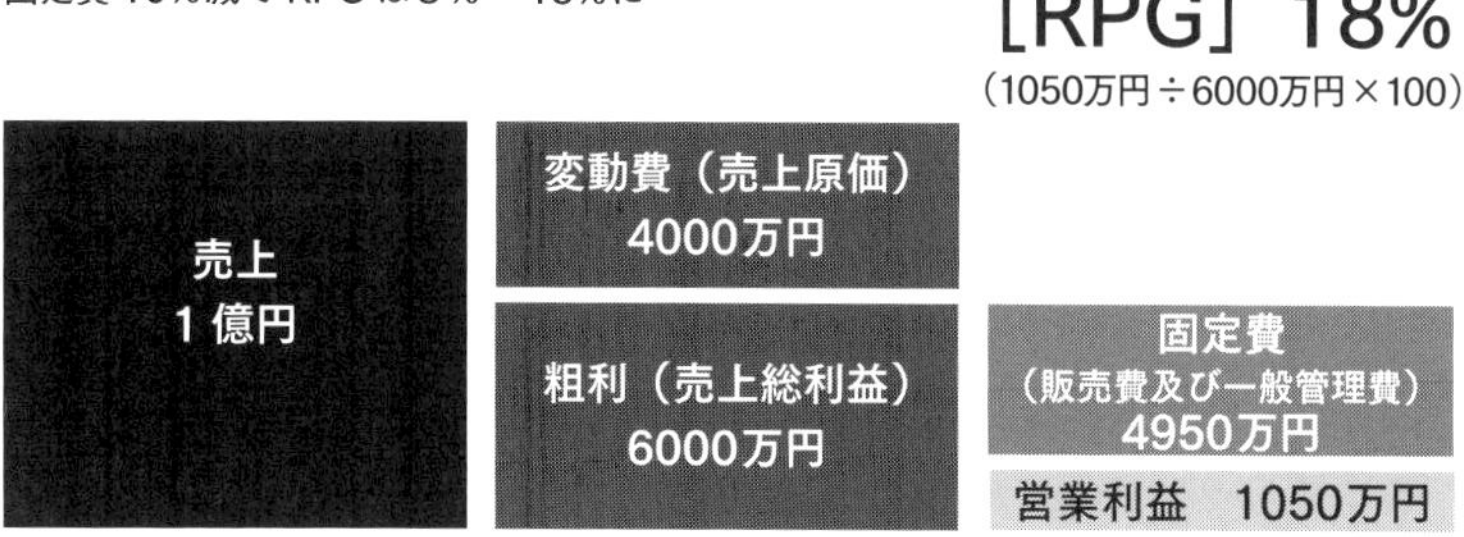

この場合、ＲＰＧは、

営業利益 1300万円 ÷ 粗利 6800万円 × 100 ＝ 19％

となり、やはり優良企業に近づくことが分かります。

③物経費（固定費）を削る

「物経費」という言葉の意味は、第4章で詳しくお伝えしますが、ここではこの会社が固定費を1割削減できたと仮定して、ＲＰＧがどのように変化するかを見てみましょう。

粗利の6000万円は変わりませんが、固定費を1割削減することによって固定費は4950万円になり、結果として営業利益は1050万円確保することができます（図25）。

その結果、ＲＰＧは、

営業利益1050万円÷粗利6000万円×100＝18％

となり、固定費の削減だけでもＲＰＧの大幅な改善が図れることが分かります。

ＲＰＧ8％だった会社が、
●売上2割アップで⬇ＲＰＧ24％に！
●変動費率2割ダウンで⬇ＲＰＧ19％に！
●固定費1割ダウンで⬇ＲＰＧ18％に！

もちろんこれは、あくまでシミュレーション上の話です。そんなに簡単に売上を増やしたり経費を削ったりすることはできないよ、と感じるかもしれません。しかし、実際の会社経営では、３つのそれぞれの要素について**ここまで極端な改善がなくても、３つの要素が少しずつ改善されれば、結果として合わせ技でＲＰＧが改善されます**ので、心配はいりません。

それでは、いよいよ次章で、ＲＰＧを高める3つの方法の具体策を見ていきましょう。

Column 1

なぜ営業利益を粗利で割るのがいいのか

私は現在、弁護士と税理士の2つの資格で登録し、主に中小企業の経営者のサポートをさせていただいていますが、実は弁護士歴に比べて税理士歴はそれほど長くありません。税理士登録をした当初は、中小企業のトップであり、社会人歴もそこそこ長いながら、会計の知識はほとんどなく、自己資本比率やROA、ROEといった難しい経営指標の計算式すら知りませんでした。

つまり、決算書のことを詳しく理解していない中小企業の社長そのものだったわけです。経営指標については、「営業利益率が高いほうがいいんでしょ？」程度の認識しかなかったのですが、税理士となった後に、会社の強さを測る本質的な指標は何であるべきなのかを考えるようになりました。

このことを考え抜いた結果たどり着いたのが、**「会社が何割売上を減らしても赤字転落せず利益を出すことができる体力があるか」**を道しるべにすべきだ、ということでした。

２００８年のリーマンショック、２０１１年の東日本大震災、２０２０年のコロナショックのように、企業にはまったく想定できない不景気の波が代わる代わる押し寄せてきます。そのたびに経営危機に陥らないようにするためには、会社は普段、「2割くらいの売上減があっても赤字にならないくらい利益を出し、内部留保を蓄えておくべきではないか」と考えたのです。

ＲＰＧというのは営業利益を粗利で割りますから、「粗利が何％減っても収支とんとんで持ちこたえられるか」を示す指標といえますが、変動費の割合が高い会社でも低い会社でも、売上が一定の割合減った場合、変動費も同じ割合だけ減り、結果として粗利も同じ割合だけ減るので、結局のところＲＰＧは、「その企業が何％売上を減らしても収支とんとんで持ちこたえられるか」を示す指標になります。

つまり、**ＲＰＧ20％の会社が「売上を20％減らしても赤字にならない強い会社」だ**ということです。

このように、私が「会計について素人同然の税理士」だったおかげで、ＲＰＧというシンプルで本質的な経営指標にたどり着くことができたのだと考えています。

第2章

「売上」を増やして
RPGを高める方法

1 売上を決める3つの要素

ＲＰＧを高める1つ目の方法は、売上を増やすという方法です。

どうやって売上を増やしていくかというのは、企業にとって永遠のテーマといっても過言ではありません。そして、固定費を増やさずに売上を増やすことに成功すれば、ＲＰＧも大きく高めることができ、収益性の高い「いい会社」に近づくことができます。

さらに言えば、「変動費率（原価率）を下げてＲＰＧを高める方法」（第3章参照）よりも「物経費（固定費）を抑えてＲＰＧを高める方法」（第4章参照）よりも、大きな可能性のある方法です。すなわち、企業努力で「原価率を半分にしてください」とか「固定費を半分にしてください」と言われても、「そんなの無理に決まっているだろ」となってしまいます。原価率や固定費の削減は、できてもせいぜい数％、2割も削減できれば大成功のはずです。

一方で、売上については、工夫次第で1割や2割の増加は簡単に達成できます。そればかりか、商品やサービスの内容と売り方を考え尽くせば、売上を2倍、3倍と伸ばしていくことも夢ではありません。

このように、**売上の増加には無限の可能性がありますので、まずはどの会社でも売上を増やす方法を徹底的に考えてください。**

そして、すべての会社において、売上というのは、

売上＝顧客数×客単価×購入頻度

という計算式で表すことができます。

すなわち、企業は常に「お客様を増やす」「高く買ってもらう」「たくさん買ってもらう」を考える必要がある、ということになります。売上増を考えるに当たっては、この売上の計算式に従って、**「A　顧客数を増やす」「B　客単価を上げる」「C　購入頻度を上げる」**の3つの施策を順番に考えてみるとよいでしょう。

■A　顧客数を増やす

BtoC（Business to Consumer　＝個人に対して商品・サービスを提供する）の企業と、BtoB（Business to Business　＝企業に対して商品・サービスを提供する）の企業とでは、重点

を置くべき戦略が違ってくると考えています。ＢｔｏＣでは広告を積極的に利用すべきなのに対し、ＢｔｏＢではたくさんの見込み客と直接会うことが基本となるからです。この点については、項目を改めて詳しくお話しします。

■B　客単価を上げる

自社の別の商品を買ってもらう（クロスセル）、自社のより高い商品を買ってもらう（アップセル）といった施策が中心となります。しかし、それ以外にも、そもそも既存の商品の値上げを検討する必要がある場合もあります。また、不況の時こそ、より高く売れる新商品の開発を怠ってはなりません。

■C　購入頻度を上げる

主に一度きりの顧客でなく、リピーターを増やし、ファンを獲得していく取り組みです。購入者へのポイント付与や次回予約をとることなどが典型例ですが、いわゆるサブスク（定額制）モデルのビジネスでは、解約防止策を講じることも、この取り組みの一環です。

では、それぞれについて、どのような戦略を立てればいいか、そのヒントをお伝えしていきます。

2 BtoC事業で顧客を増やすための3つのポイント

商品、サービスを個人に提供するBtoC事業の場合、売上を増やすためには何より、自社の商品、サービスを多くの人に知ってもらう必要があります。社内のリソースを使って商品やサービスの良さを顧客（見込み客）に伝えるだけでは限界がありますので、できるだけ効率的にメディアを使い情報を拡散する必要があります。

広告にお金を使うのはもったいないと考える経営者もいますが、広告費を上回る利益を得られる可能性があるのですから、試してみない手はありません。

売上がどれだけ増やせるかで会社の成長率が大きく変わることを念頭に、あらゆる可能性を考えてみてください。

①インターネット広告

大手広告会社電通が発表した「2019年 日本の広告費」によれば、2019年のわが国のインターネット広告費は約2兆1000億円で、この年初めて、テレビメディア広告費を逆転しました。

テレビのほか、新聞、雑誌、ラジオを合わせた既存媒体（マスコミ四媒体と呼ばれます）の広告費は減少の一途をたどる一方で、インターネット広告の市場規模が毎年増加しているのは、それだけ広告効果が高いからでしょう。

インターネット広告は、既存媒体の広告に比べて、**低予算から始められる、ターゲットを絞りやすい**といった特徴があります。

たとえば、テレビCMを放映するには、東京キー局に15秒のCMを放映するだけでも数十万円の費用がかかり、そのほかにCMを制作する費用がかかります。また、テレビはさまざまな人が視聴していますから、自社の商品に興味のありそうなターゲットだけに情報を届けることはできません。若者のテレビ離れが叫ばれて久しく、視聴者に高齢者が多い点も、すべての企業に向くわけではない理由になろうかと思います。

一方で、インターネット広告は数万円程度の予算からでも気軽に始めることができますし、検索されるキーワードや地域などを設定することによって、自社の商品に興味のありそうなターゲットだけに絞って情報を届けることができます。

また、**かけた広告費に対してどの程度の効果があったかを測定しやすい**のもインターネット広告の特徴といえるでしょう。

インターネットを使った広告手法にはさまざまなものがあります。

①GoogleやYahoo!といった検索エンジンで特定のキーワードが検索された際に、自社のウェブサイトが上位表示されるようにサイトを構築するSEO（Search Engine Optimization）

②検索したキーワードに連動して検索エンジンの結果画面に表示されるリスティング広告（PPC広告）

が代表例でしょう。

しかし、インターネット広告は低予算から始められるからといって、やればすぐに効果が出るとは限りません。

SEOに関しては、検索エンジンのランキングアルゴリズム（順位付けを行う計算手順）が年々進化し、ユーザーがそのキーワードを入力した時に、本当に知りたい情報が豊富に記載されているページが上位表示されるようになってきました。

そこで、自社のウェブサイトを検索エンジンに上位表示させるためには、顧客に役立つ情報を、質量ともに豊富に提供し続ける施策が必要となります（いわゆる「コンテンツマーケティング」という手法です）。

たとえば、不動産会社のウェブサイト上で仲介物件の情報など、自社が売りたい商品の情報だけを掲載するだけではなく、「沿線ごと、街ごとの魅力の紹介」「中古住宅を購入する際のチェックポイント」など、顧客が知りたい情報を豊富に掲載することで、上位表示を狙うのです。

物理的に大量の原稿を用意しなければならないこと、検索エンジンに上位表示してもらえない場合には何度も書き直しを繰り返す必要があることなどから、時間と根気がないと続けられません。

リスティング広告を運用する際は、「適切なキーワード設定」「適切なクリック単価（1

クリックされた時にかかる費用)」「クリックされやすい広告文」「クリックされた時に購入につながりやすいウェブサイト(ランディングページ)」の最適解を見つけなければなりません。

そのためには、複数の仮説を試してみて、結果が良かった方法を残し、悪かった方法は止めて、新たな仮説と比べてみるという、いわゆるABテストを延々と繰り返す必要があります。たとえば、「中小企業のコンサルティングなら未来創造コンサルティング」(A)という広告文と「利益を増やすお手伝いなら未来創造コンサルティングにお任せ」(B)という広告文を掲載し、Aのほうがクリック率が高いという結果が出たら、今度はBを削除した上で「未来創造コンサルティングは中小企業専門の熱血コンサルです」(C)という広告文を作成し、AとCを比べてみる、ということです。

SEOもリスティング広告も、運用を代行してくれる専門業者がたくさんありますので、専門家の力を借りることは大切ですが、商品の特徴やどんな顧客に喜ばれるか、業界の動向や言葉の使い方など、本当に大切な情報を深く理解しているのは商品を作った会社なのですから、専門業者に運用を丸投げするだけではいい結果は期待できないと心得ておいてください。

②既存広告

インターネット広告の市場規模が大きくなってきたからといって、既存広告（テレビ、新聞、雑誌、ラジオなど）の意味がなくなったということではありません。

しかし、既存広告は1回出稿するだけでも相応の費用がかかるため、「本当に広告効果があるのかな」などと不安に感じ、なかなか試してみようという勇気が出ない方も多いでしょう。

そこで出稿するかしないかのヒントになるのが、**「競合が出稿し続けている広告は、効果がある可能性が高い」**ということです。

どの会社でも、広告を出稿した結果、支払った広告費を上回る利益があれば、広告の出稿を続けるはずです。一方で、支払った広告費を上回る利益がなければ、出稿し続ける理由はなくなり、広告を止めるはずです。

ですから、たとえば、自社の競合先が「いつ見ても、電車の中吊り広告を出しているな」と感じたら、これは電車の中吊り広告で宣伝することによって、広告費を上回る利益を回収できる可能性が高いということで、自社でも出稿を検討する価値があるということです。

一方で、業界誌に自社の競合先が出稿している広告を見て、「え？　たしかにこの広告は目立つけど、こんなことで商品が売れるのかなぁ」と疑問に感じたところ、次号からはぱったり広告がなくなっていた、という場合は、広告の効果がなかったと予想できます。広告費を上回る利益があったのであれば、広告を止める理由がないからです。

このように、テレビやラジオ、雑誌や新聞などの広告を注意深く観察することによって、自社にとってチャンスのある媒体を見つけられる可能性があります。

③プレスリリース

プレスリリースとは、企業が、自社に関わるニュースや、新商品・新サービスの情報をマスコミに知らせるための文書のことをいいます。

マスメディアに広告として出稿するのではなく、取材記事として取り扱ってもらったり、番組の中で商品を紹介してもらったりする手法で、広告と違い「宣伝してます！　売り込んでます！」という感じが薄まるため、うまくいくと大きな効果を得られることがあります。そして、広告と違い、企業側には一切お金がかかりません。

そんなにうまいこと、自社の商品を取り上げてくれるわけがないじゃないかと思われるかもしれませんが、**実はマスメディアも番組や記事にするためのネタ探しには困っていて、おもしろいトピックスを常に探しています。**

もちろん、自社の売り込みをしようとしてもメディアは取り扱ってくれません。そのメディアの読者ターゲット（視聴者）はどんな層なのか、その層にはどういったトピックスが受けるのか、最近の流行と自社商品はどのような接点があるかなどを考え、テレビの番組になった時に面白いか、雑誌の記事になった時に興味深いかを想像しながら文書にすることが大切です。

プレスリリースというと以前はメディア宛に郵送やファックスを送るという手法がメインでしたが、今ではオンラインで配信を代行するシステムや業者も多数ありますので、うまく利用してみてください。

個人が購入するＢｔｏＣの商品は、企業が購入するＢｔｏＢの商品に比べ、「すぐに」「衝動的に」買われるという特徴があります。

企業は、商品を購入する際に、相見積もりをとったり、稟議に回したりして「十分な性能や耐久性があるか」「他により安い商品がないか」など理性で商品を検討しますが、個人は、「かわいい」「かっこいい」「知り合いやあこがれの芸能人が使っている」など感情で商品を購入しがちです。消費行動の7割は衝動買いであるという統計があるといいますが、みなさんもコンビニでチョコレートを買う際に「もっと安くておいしいお菓子はないか」と考えたり、デパートで靴を買う際に「もっと安くて耐久性に優れた靴はないか」などとは考えたりしないのではないでしょうか。

このように考えると、自社商品を顧客にアピールする際にも、性能やコストパフォーマンスばかりをアピールするのは得策とはいえません。

むしろ、**何をアピールするかではなく、誰がアピールするかを重視**して、SNS上で多くの人に取り上げてもらえるような仕組み作りやインフルエンサーによる情報の拡散を考えてみるとよいでしょう。

また、**日本人は特に「限定」に弱い**といいますが、わずかな人しか持っていないものを所有するというのは、衝動的な購入を促す動機付けの一つとなります。ですから、商品の個数を限定する、販売の期間を限定する、魅力的な特典をつけるといった限定性、希少性を持たせた商品設計をすることも、売上を増やす手法として検討に値するでしょう。

3 BtoB事業で顧客を増やすための3つのポイント

商品、サービスを企業に提供するBtoB事業の場合、顧客数を増やすための戦略はBtoC事業の場合と分けて考えなければいけません。個人が商品やサービスを購入する場合には、「それが欲しい」「今すぐ欲しい」という感情が購入の決め手になることが多いのに対し、企業が購入すべき場合には、ニーズ、予算、納期などさまざまな観点から慎重に検討されることが多く、購入条件の合理性、すなわち理性的な側面が重視されるからです。

BtoC事業では、Amazonに代表されるように、インターネットを通じて商品を購入するということが当たり前になりました。経済産業省の統計「電子商取引に関する市場調査」によると、2019年の国内BtoC向けEC（消費者向け電子商取引）の市場規模は約19兆4000億円で、2010年との比較で2・5倍に増えています。書籍、事務用品などのEC化が進んでいるほか、衣類、食品、生活家電なども市場規模が大幅に増えています。

一方で、BtoB事業の場合、ネット上ですべての取引が完結することはまだまだ多くないのが現状です。そもそも、インターネットは、多くの人に画一的な情報を届けることが得意なため、ＢｔｏＣ事業に向くということもありますが、ＢｔｏＢ事業の場合には、1回あたりの取引金額も高額になることが多いため、人の説明を聞いてから購入を決めたいという心理が働くことが大きな理由であると予想できます。販売する側からしても、一度取引が決まれば、その後長期にわたって関係が続くことが多いので、それだけの手間をかける価値があるのです。

このように、**人を介して顧客を増やすＢｔｏＢ事業では、どれだけたくさんの見込み客と会い、自社の商品・サービスを知ってもらえるかを徹底的に考え、実行するようにしてください。**次に多くの会社で実行できる、顧客を増やす代表的な3つの方法を紹介します。

①お客様からの紹介

言うまでもないことですが、これまで取引実績があるお客様から新しいお客様を紹介いただければ最強です。既存のお客様の紹介があると、新しいお客様も自社の商品やサービスを信用し、期待した状態で商談に入れるので、契約率も高まりますし、契約までの期間も短くてすみます。

しかし、既存のお客様から新しいお客様を紹介していただけるのが最強だと分かっていながら、紹介していただけるような仕組み作りをしていない会社が実は多いのです。次の2つのことを意識してみましょう。

▼商品名や特徴を覚えやすく、一言で伝わりやすいように工夫をする

たとえば、本書で読者のみなさんに伝えたいことは「RPGを高めると、『いい会社』が作れますよ」ということです。このRPGという言葉は記憶に残りやすいと思うのですが、これが「対粗利利益率」とか「売上総利益に対する営業利益の割合」という言葉だったとしたらどうでしょうか？　簡単には記憶することができず、したがって誰か他人に紹介することも難しくなるのではないでしょうか。

ですから、**商品名やサービスの特徴は、売る側が記憶し、理解していればいいのではなく、買う側も覚えやすく、他人に伝えやすいほうがいい**のです。

▼「新しいお客様を紹介していただけませんか」と直接お願いをする

単純な方法ですが、実行している方は意外と少数派です。もちろん、お客様が購入した自社の商品やサービスに満足してくれていることが大前提です。一方で、お客様があなたの商品やサービスに満足してくれているならば、実はこれを他人にも伝えたいと思っているものなのです。初めて入った飲食店の料理がすごくおいしかった時に「あそこの店はすごくおいしかったよ」とまわりの友達に伝えたくなるのと同じことです。

ですから、自社の商品やサービスに満足してくれるお客様には「同じようなことに困っていらっしゃる方をご紹介ください」「同業者の集まりがあったら同席させていただけませんか」とお伝えして、紹介をお願いしてみるとよいでしょう。

②展示会・セミナー

展示会やセミナーは、設定されたテーマに興味のある人がたくさん集まるため、新規の見込み客を獲得する絶好のチャンスです。直接話せる機会があるので、その場で商談がはじまることもあります。展示会の会場にはセミナー会場がセットになっていることが多いので、セミナーにも登壇し、自社の展示ブースによって多くの来場者が足を運んでくれるようにしたいところです。

集客を展示会やセミナーの主催者に任せるというやり方もありますが、せっかくですから自社でも見込み客への声かけや、ターゲットとなる客層へのダイレクトメールなどを活用して、集客増への工夫をしてみるとよいと思います。もちろん、自社主催でセミナーを開催してみるのもおすすめです。

セミナーのテーマは、必ず参加者のお悩みの解決につながるものを選ぶのは当然なのですが、**セミナーの目的は参加者のお悩みを解決することではありません。**自社の商品やサービスを買っていただくことを目的にセミナーを開催するのですから、「この商品やサービスを買えば悩みは解決しそうだな」と思ってもらうことをゴールにして、セミナーのコンテンツや話し方を組み立ててください。

③メルマガやSNSの活用

名刺交換をした相手や、一度商談をしたけれど購入していただけなかった相手に対して、メルマガやSNSなどを使い、定期的に情報を発信することも大切です。

メルマガやSNSを発信していると、自社の商品やサービスをよく理解していなかった相手に、「買ってもらえればどれほど役に立つのか」をより深く知ってもらうことができます。それだけでなく、知り合った当時は「ニーズがなかった」「他社製品を使っていた」「予算が付かなかった」など、タイミングが合わず購入いただけなかったお客様に、新たにニーズが発生した時、あなたの会社を思い出してもらう手段としても、メルマガやSNSが役に立ちます。

なお、BtoBの取引では、購入者は商品やサービスの価格やスペックだけを比べて購入を決めているように思われがちですが、そうではなく「誰から買うか」も重視しています。自動車のディーラーでも売れる営業マンと売れない営業マンがいるのは、同じ自動車を買うとしてもお客様は誰から買うかも重視しているからなのです。

ですから、メルマガやSNSを投稿する際は、**できるだけ投稿者の人柄や信念が伝わるようにする工夫をしてみてください**。人間は、尊敬する人や自分がすごいと思っている人、その分野に詳しい専門家から買いたいと考えるからです。

また、自社の商品やサービスを使ったお客様がどのように成功したかを伝えるのも効果的です。メルマガやSNSの読者も、あなたの会社の商品やサービスを使えば同様の成功ができるのではないかと期待するからです。

4 不況の時こそ、客単価を上げる戦略をとる

次に、客単価を上げるための戦略を考えてみましょう。

客単価を上げるための戦略としては、**「値上げをする」「別の高い商品（サービス）も買ってもらう」「単価の高い新商品（サービス）を開発する」**という3つがあります。

①値上げをする

現在の商品やサービスの内容を変えずに値上げをすれば、客単価が上がるのは当然です。

しかし、多くの会社が値上げをできないのは、「値上げをすると、顧客数が減ってしまう」という恐怖があるからです。

確かに、値上げをすると顧客数が減少する可能性は高いでしょう。しかし、顧客数の減少ばかりに目がいってはいけません。**本当に注目すべきは、利益が増えているか、減っているかなのです。**

図 26

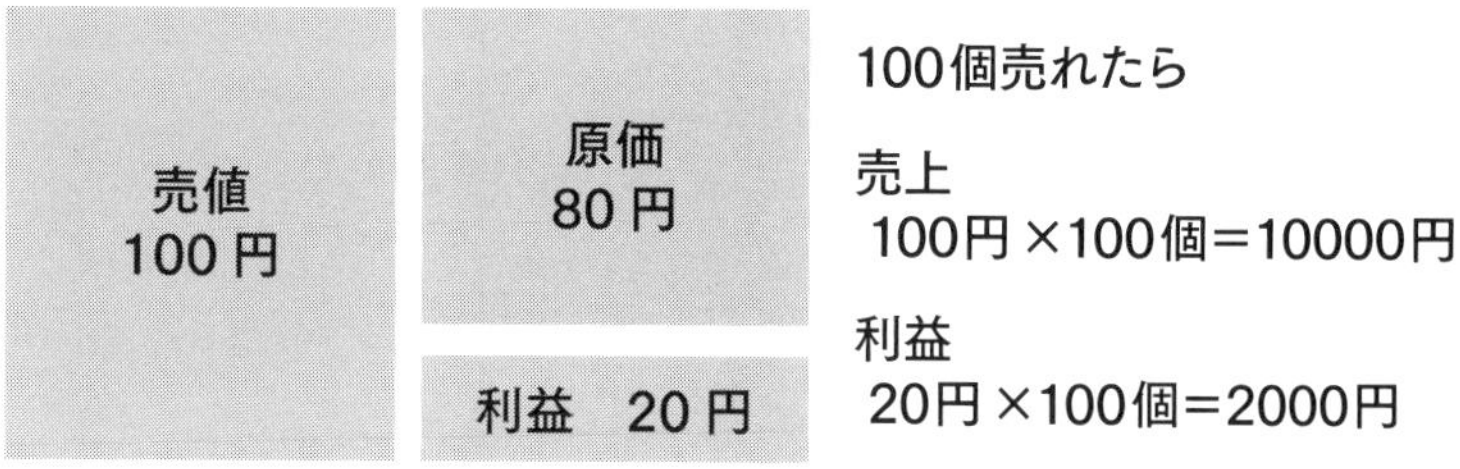

具体的な例で考えてみましょう。

ある会社では、原価80円で製造したある商品を１００円で販売し、毎日１００個売れていました（図26）。１日あたりの売上は、

１００円 × １００個 ＝ １０００００円

です。また、この場合の利益額は、

20円 × １００個 ＝ ２０００円

となります（図26）。

この商品の売値を２倍の２００円にしたところ、顧客数が極端に減ってしまい、１日に20個しか売れなくなってしまったとします。値上げ前の５分の１の顧客数です。

この場合の売上は、

２００円 × 20個 ＝ ４０００円

となります。しかし、利益は１個あたり１２０円確保できるので、１日あたりの利益は、

図27

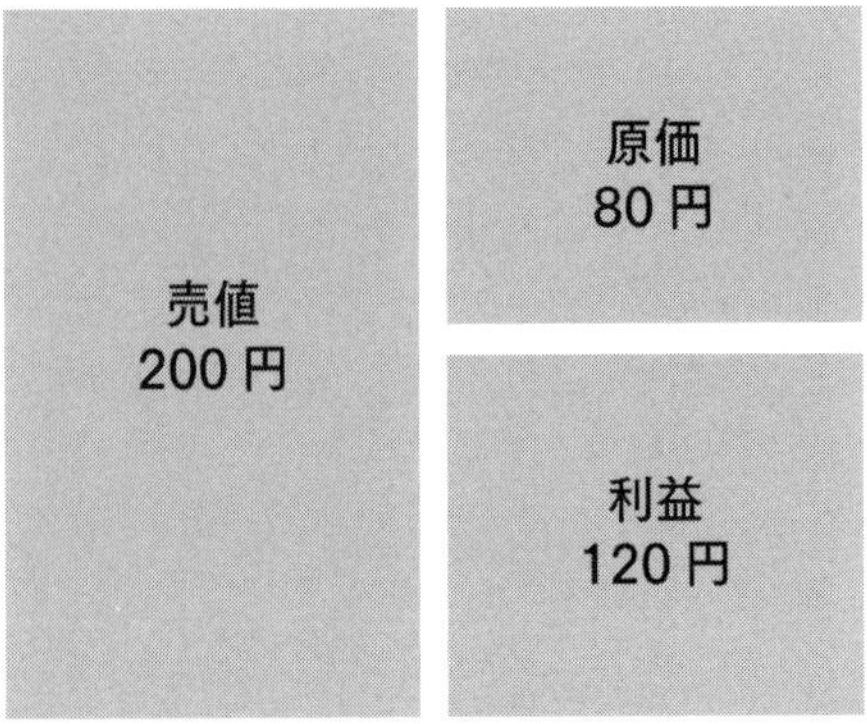

20個売れたら

売上
200円×20個＝4000円

利益
120円×20個＝2400円

１２０円 × 20個 ＝ ２４００円

となります（図27）。

つまり、**売値を２倍にした結果、顧客数が５分の１になっても、１日あたりの利益は値上げ前の２０００円から値上げ後の２４００円と20%も増えている**のです。だとしたらこの会社は、１００円で１００個売るよりも、２００円で20個売ったほうが利益が増え、ＲＰＧも高まることになるのです。

京セラやＫＤＤＩを創業し、ＪＡＬの再生を果たした平成のカリスマ経営者である稲盛和夫氏は「値決めは経営である」と言い、会社にとって利益が最大となる値付けをすることの大切さを説いていました。

上手な値上げを続けている代表例は、東京ディズニーリゾートではないでしょうか（図28）。ディズニーランドがオープンした1983年当時の1デーパスポートは3900円でしたが、その後13回の値上げを実行し、2020年現在は8200円という価格になっています。また、1パーク年間パスポートも25000円から68000円まで値上げをしています。顧客数が増えることで、行列が長くなりすぎ、非日常を楽しめなくならないよう、絶妙に顧客数をコントロールしながら値上げを繰り返している様子がうかがわれます。

②別の高い商品（サービス）も買ってもらう

既存の顧客の客単価を向上させる戦略として代表的なものが、「アップセル」「クロスセル」という手法です。

まず、**アップセルとは、お客様により高い上位商品を購入してもらうようにすること**です。

たとえば、ファストフードのチェーン店でハンバーガーとドリンクを注文した時に、「今ならプラス50円でLサイズにできますがいかがでしょうか？」と尋ねるのが典型例で

図 28

年	1デーパスポート（大人）	1パーク年間パスポート	2パーク年間パスポート	イベント
1983年	3,900円	–	–	TDL オープン
1987年	4,200円 （＋300円）	–	–	–
1988年	–	25,000円	–	舞浜駅開業
1989年	4,400円 （＋200円）	–	–	消費税3%
1992年	4,800円 （＋400円）	31,000円 （＋6,000円）	–	–
1996年	5,100円 （＋300円）	35,000円 （＋4,000円）	–	–
1997年	5,200円 （＋100円）	35,700円 （＋7,00円）	–	消費税5%
2001年	5,500円 （＋300円）	40,000円 （＋4,300円）	–	ＴＤＳオープン
2003年	–	–	69,000円	ＴＤＬ 20周年
2006年	5,800円 （＋300円）	45,000円 （＋5,000円）	75,000円 （＋6,000円）	–
2011年	6,200円 （＋300円）	52,000円 （＋7,000円）	80,000円 （＋5,000円）	東日本大震災
2014年	6,400円 （＋200円）	53,000円 （＋1,000円）	82,000円 （＋2,000円）	消費税8%
2015年	6,900円 （＋500円）	59,000円 （＋6,000円）	86,000円 （＋4,000円）	–
2016年	7,400円 （＋500円）	63,000円 （＋4,000円）	93,000円 （＋7,000円）	–
2018年	–	61,000円 （－2,000円）	89,000円 （－4,000円）	ＴＤＬ 35周年
2019年	7,500円 （＋100円）	62,000円 （＋1,000円）	91,000円 （＋2,000円）	消費税10%
2020年	8,200円 （＋700円）	68,000円 （＋6,000円）	99,000円 （＋8,000円）	ＴＤＬ新エリア オープン

https://castel.jp/p/5109
CASTEL「【必見】ディズニーチケット値段推移まとめ！ 37年前は1デーパスポートが3,900円だった？！」

す。安いビジネスシューズを買いに靴店へ行ったのに、店員さんから革の質によって履き心地が違うことを聞いて高いものを買ってしまった、というのもアップセルの例です。

次に、**クロスセルとは、お客様にプラスアルファで別の商品を購入してもらうようにする営業手法のこと**です。

たとえば、ハンバーガーとドリンクを注文した時に、「一緒にポテトもいかがですか？」と尋ねるのが典型例です。靴店で靴を買った時に、メンテナンスのためのクリームやクロスの購入を勧められるというのもクロスセルの例です。

いずれの場合でも、新規に顧客を開拓することに比べ、大きなコストや手間を掛けることなく売上アップを図ることができますので、あらかじめアップセルやクロスセルをおすすめできるように商品設計をしておくことが大切です。

もちろん、顧客との信頼関係がないのにあまりにも営業をしすぎてしまうと「押し売りされている」と感じられる危険性があるので、注意が必要です。

③単価の高い新商品（サービス）を開発する

今ある商品を値上げするのは難しい、アップセルやクロスセルで売る商品も見当たらない、という場合には、「もっと高く売れる商品（サービス）」を作るしかありません。

時代とともにお客様のニーズは変化し続けますので、新しい商品やサービスを開発することはすべての会社にとって必要なことです。景気がいい時は、現在の商品を売ることに忙しく、新商品の開発まで手が回らなくなりがちです。しかし、不況になると社内の人手も余りますし、設備の調達が安くできたり、社外からの人材が集めやすくなったりしますので、開発をするチャンスになります。

不況の時こそ、高く売れる新商品を開発し、次に備えることが大切です。

5 購入頻度アップと解約防止を考える

売上を増やすための最後の取り組みは、購入頻度を上げる工夫です。

最近、ＡｍａｚｏｎなどのＥＣサイトでは、「あなたにおすすめ」といったアップセル商品のおすすめ、「この商品を買った人は、これも見ています」といったクロスセル商品のおすすめのほか、「再び購入」「定期お得便」といった顧客の購入頻度を上げさせる工夫もふんだんに取り入れられるようになりました。

新規の顧客を開拓するよりも、一度商品を購入して満足してくれたお客様に再び購入を促したほうが、手間やコストも省けますし、購入に至る確率も高くなります。しかし、理由もなく再購入を案内してしまうと、売り込みと思われ嫌がられてしまいますので、再購入の合理的な理由を伝えてあげることが大切です。

次に、いくつか具体的な例を挙げますので、みなさんの会社でも取り入れられそうなヒントがないか考えてみてください。

①ポイントカード、会員割引、クーポン

これらは、小売業やサービス業の常套《じょうとう》手段です。人は、どうせ同じものを買うのであれば「ポイントがつくところ」「割引がされるところ」「クーポンを持っているところ」で購入しようとします。その結果、同業者との競争から逃れ、顧客を囲い込むことができるのです。

実は、私はポイントカードを持ち歩くのが好きではありません。財布がどんどんふくれていくからです。そんな私でも、ネット通販ではＡｍａｚｏｎのポイントを気にしてしま

います。最近では、通販だけではなく、スマホのアプリを使ってポイントが貯まる仕組みが増えています。荷物を増やさずポイントが貯まるのは嬉しいですよね。

②定期購入化

これは、健康食品や化粧品の通販でとり入れているシステムです。ヤクルトの配達を頼むと、毎週1回7本が自宅に届く、というのが典型例です。そのほかに、お酒や日用品などの通販でもこのシステムを採用しているケースが増えています。定期購入の契約者に一定の割引をすることで、売り込みではない合理的な理由を伝えています。

③次回購入の予約を取る

マッサージ業などのサービス業では、来院した顧客に次回の予約を入れてもらうよう働きかけをするかどうかだけで、来院の頻度が大きく変わり、売上がまったく違うものになってきます。歯科医院などでも「次回は○月○日に来てください」と案内するところが多いでしょうし、美容院でも同様です。

ちなみに私は、髪を切った際には、次回だけでなく、その次の予約を入れて帰りますので、店から見ると購入頻度の高い、いい客に見えるはずです。

④物を預かる

飲食店がボトルキープを勧めるのは、ボトルがあれば次も来店してもらう可能性が高くなるからです。顧客にとっても、次回は安く飲めるというメリットがあります。また、スポーツクラブで会員専用のロッカーを用意し、シューズや小物を預けることができるのも、ライバル店に鞍替えされることを防止するために同様の効果があります。

⑤心理的陳腐化作戦

典型例が自動車業界で、近年の工業レベルからすれば、自動車を新車で買えば、10年くらいは普通に使えるはずなのに、メーカーは数年ごとに大幅なモデルチェンジを繰り返し、新車の購入を促します。物理的な寿命より先に心理的な寿命を感じさせる作戦です。

アパレル業界はもっとそのサイクルが早く、毎年意識的に「今年の流行」を作り出すことによって、1年前の服を着づらくし、新しい服を買わせるように誘導しています。

このように、購入頻度を上げる取り組みは大切なのですが、「私の会社のサービスはサブスクモデルだから、購入頻度を上げることはできない」と考える方もいらっしゃるかもしれません。サブスク（サブスクリプション）とは、さまざまなサービスを定額料金で利用できるビジネスモデルをいいます。動画配信サービスやジムの利用をはじめ、洋服借り放題、英会話レッスン受け放題など、その内容は実にさまざまです。私が代表を務める弁護士法人の法律顧問サービスやコンサルティングサービスも月額定額制のサブスクモデルです。

しかし、**サブスクは定額使い放題のサービスなので、購入頻度を上げる施策をとることができません。そのような場合に考えていただきたいのは、「解約防止」の施策です。そして、解約防止策の基本は、解約の「本当の理由」を聞くことにあります。**

たとえば、1991年に開局した有料テレビチャンネルWOWOWは、最盛期には250万人の会員を抱えましたが、デジタル放送が始まると会員の減少に歯止めがかからず、初月無料につられて加入した会員が56万人いても5000人しか残らないということすらあったそうです。そのような会社の危機を救ったのが「リテンションマーケティング」と呼ばれる顧客引き留め作戦でした。

従来は、解約理由を尋ねるためにアンケートを実施していましたが、「見る時間がない」「見たい番組がない」など反論しにくい無難な答えが続くばかりで、本当の解約理由が分からないという問題がありました。そこで、デプスインタビューという1対1の面談形式で顧客の声を聞くことで、たとえば、「たくさん録画してもすぐにレコーダーがいっぱいになってしまい、結局見ない番組にお金を払っていると感じた」といった本音が聞こえてきたのです。そこで、ＷＯＷＯＷでは、顧客が興味に合わせて番組が選択しやすくなるよう見せ方を変える、といった施策をとることで、解約率を劇的に下げることができたのです。

サブスク型のビジネスでは、まずはお客様が解約する本当の理由を調べ抜き、対策を考えるようにしてください。

Column 2

値下げで勝ち切った企業はあるのか

値決めは企業の死命を制すると言われるほどに、商品の価格を決めることは経営の一大事です。

「売れないのはうちが他社より高いからだ」と考え、値段を下げることで顧客数を増やそうと考える会社がありますが、本当にそうでしょうか。むしろ、「価格競争で繁栄し続けた企業は1社もない」というのが私の持論です。「他社より安い」という理由だけで顧客から選ばれ続けることはできないのです。

たとえば、マクドナルドは２００２年にハンバーガーの値段を59円に値下げしました。店頭に行列はできましたが会社は儲からず、一時期、経営は苦境に立たされました。その後は客単価を上げる作戦に変更し、現在のハンバーガーは１１０円、一番高い「グラン　クラブハウス」には４９０円の値段がついています。

牛丼チェーン各社も一時期、値下げ合戦、安売り競争を繰り広げましたが、各社ともに体力を消耗するばかりで勝者なき戦いとなりました。

結局、消費者は、商品やサービスが他社より安いことを「安いにはそれなりに理由があるのだろう」と考えます。「安かろう、悪かろう」という言葉があるように、安いことを理由に買い続けることはしないのです。ですから、企業は商品やサービスを1円でも高く売ることに頭を使うべきで、どのような付加価値をつければ高く売れるかを考え抜く必要があるのです。

自動車メーカーのアウディは、かつてはドイツの大衆車メーカーでしたが、技術力とブランド力に磨きを掛けて、今ではメルセデス・ベンツやBMWと肩を並べる高級車メーカーになりました。

商品の価格帯が変わると顧客層も変わります。つまらないことで文句を言うクレーマーが減り、ファン層が十分な利益をもたらしてくれるようになるので、会社にとって良い循環が生まれるのです。

第3章

「変動費率（原価率）」を下げてRPGを高める方法

1 卸売業や小売業が仕入先の見直しを最優先に考えるべき理由

RPGを高める2つ目の方法は、変動費率（原価率）を下げることです。

この方法は、特に卸売業や小売業を営む会社におすすめします。なぜなら、原価率が高く、粗利が少ないため、原価率を下げることで大幅にRPGを高めることができるからです。

実際に、サービス業を営むA社と、卸売業を営むB社の2つの会社の例を比べてみましょう。

■サービス業A社の例

A社は、売上1億円、変動費が2000万円、粗利が8000万円の会社です（変動費率20％、粗利率80％）。また、固定費が7600万円かかっているため、営業利益は400万円です（図29）。

この会社のRPGは、

図 29

サービス業A社

［ＲＰＧ］5%

（400万円÷8000万円×100）

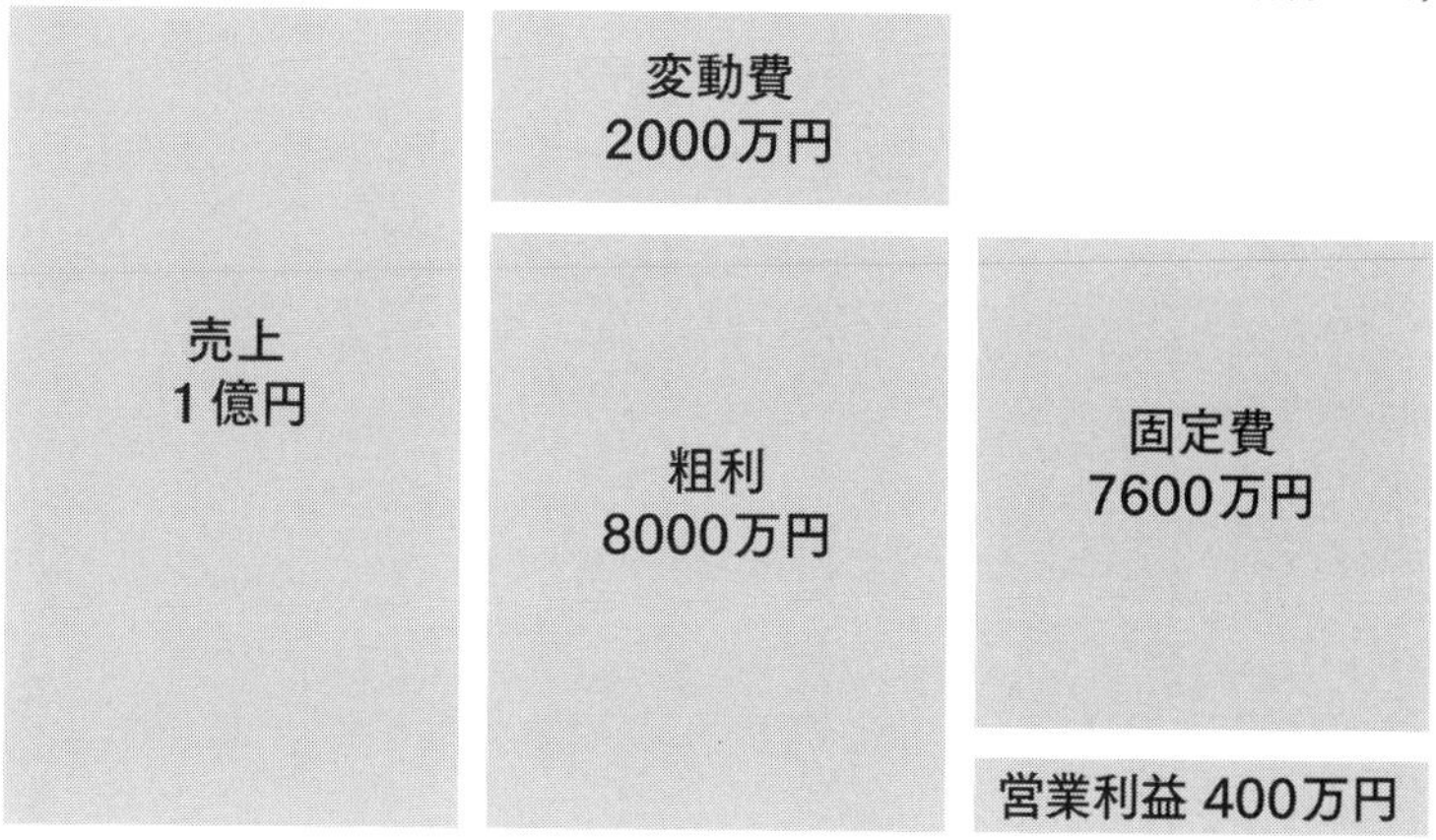

図 30

粗利率が高い会社では、変動費率の改善が
RPG に与える影響は小さい。

［ＲＰＧ］7%

（600万円÷8200万円×100）

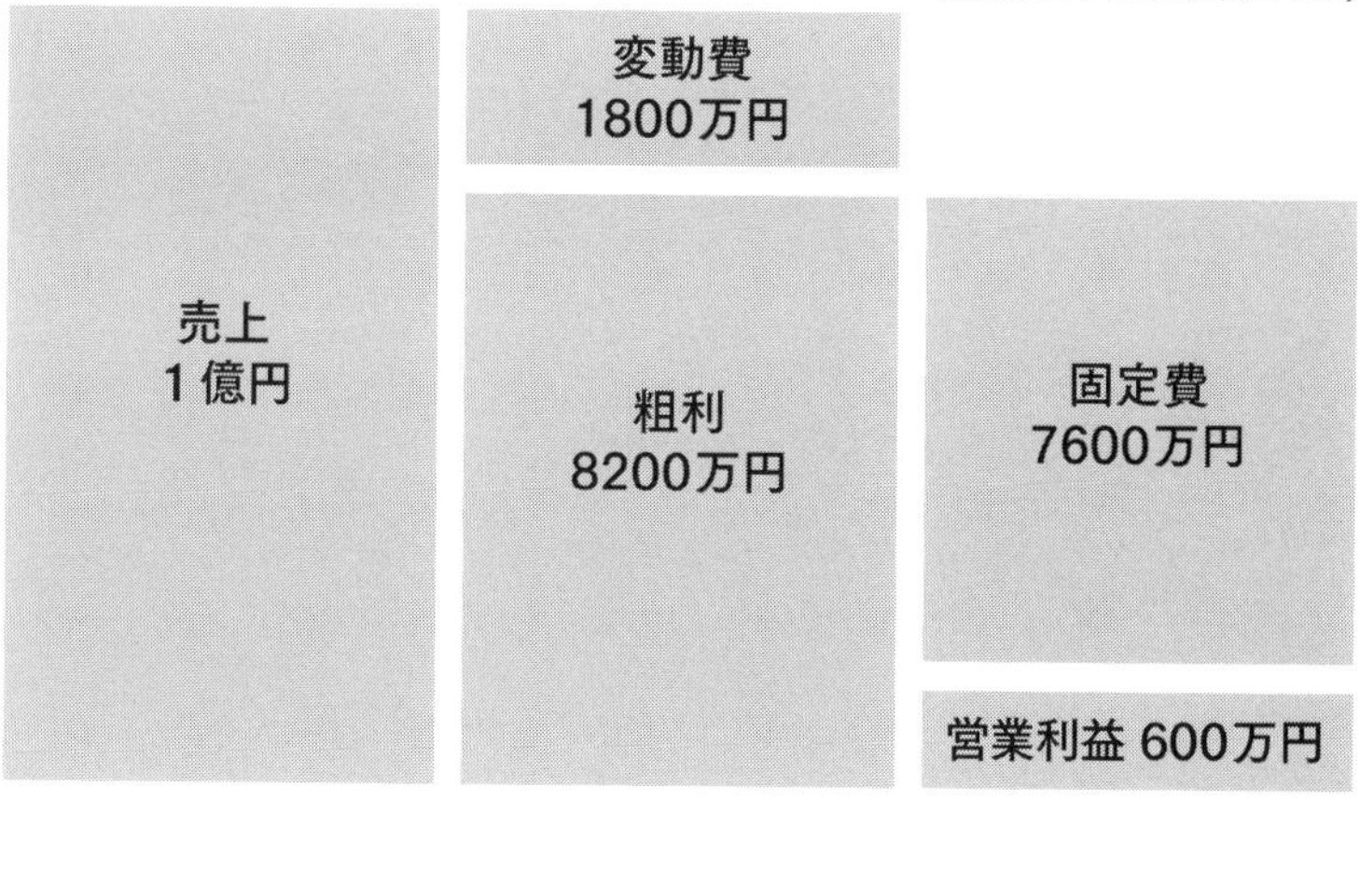

営業利益 400万円 ÷ 粗利 8000万円 × 100 = 5%

となります。

仮に、このA社が変動費を10%減らすことができたとしたら、どうなるでしょうか（図30）。

2000万円だった変動費が10%減るので、変動費が1800万円となり、粗利が8200万円となります。

そして、固定費は7600万円のままなので、営業利益は600万円になります。

この場合のRPGは、

営業利益 600万円 ÷ 粗利 8200万円 × 100 = 7%

となります。

このことから、A社では、変動費が10%減ることによって、RPGが5%から7%とわずかに改善することが分かります。

■卸売業B社の例

B社は、売上1億円、変動費が8000万円、粗利が2000万円の会社です（変動費

図 31

卸売業Ｂ社

［ＲＰＧ］5%

（100万円÷2000万円×100）

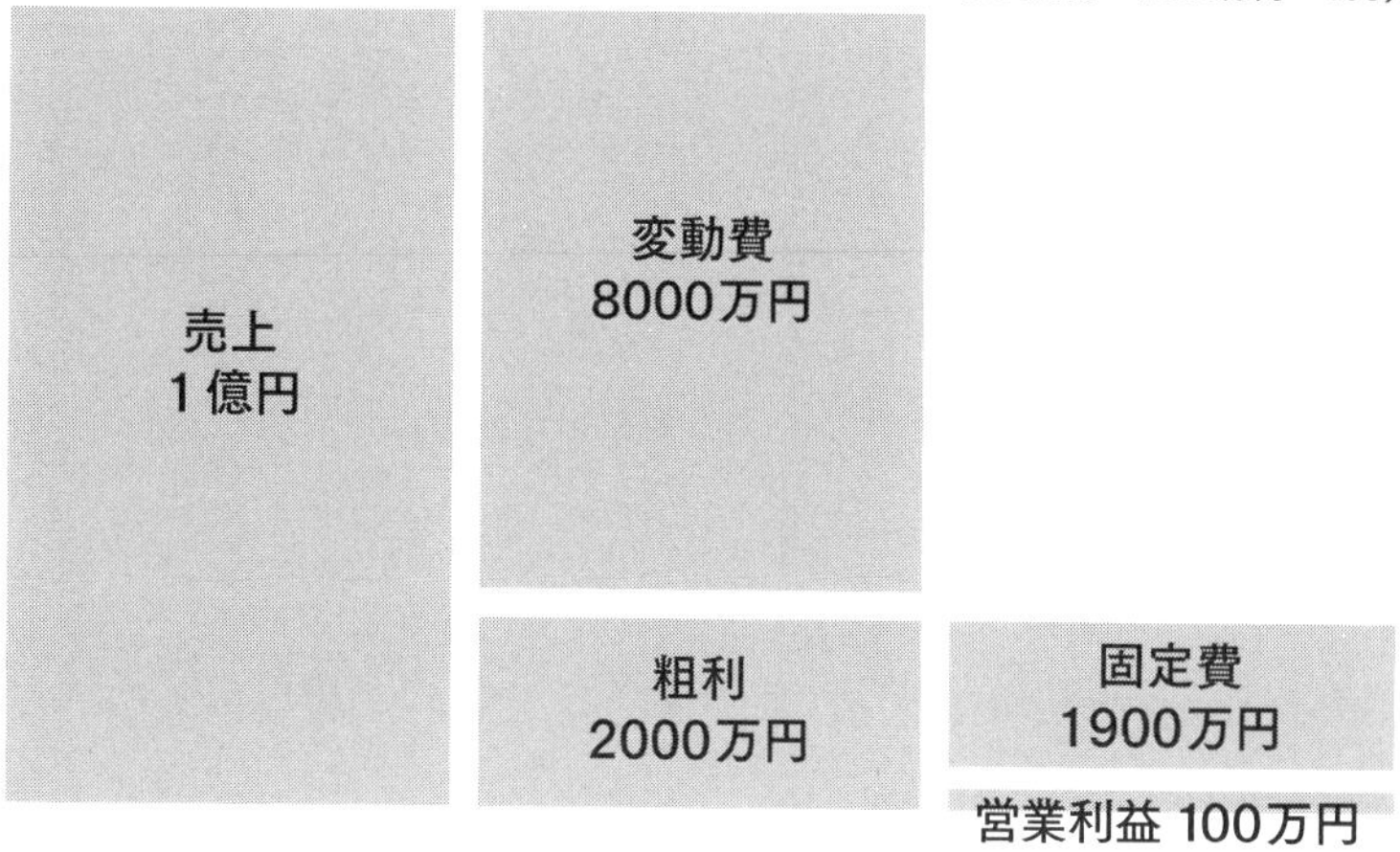

図 32

粗利率が低い会社では、変動費率が改善すると
RPG も大きく改善する。

［ＲＰＧ］32%

（900万円÷2800万円×100）

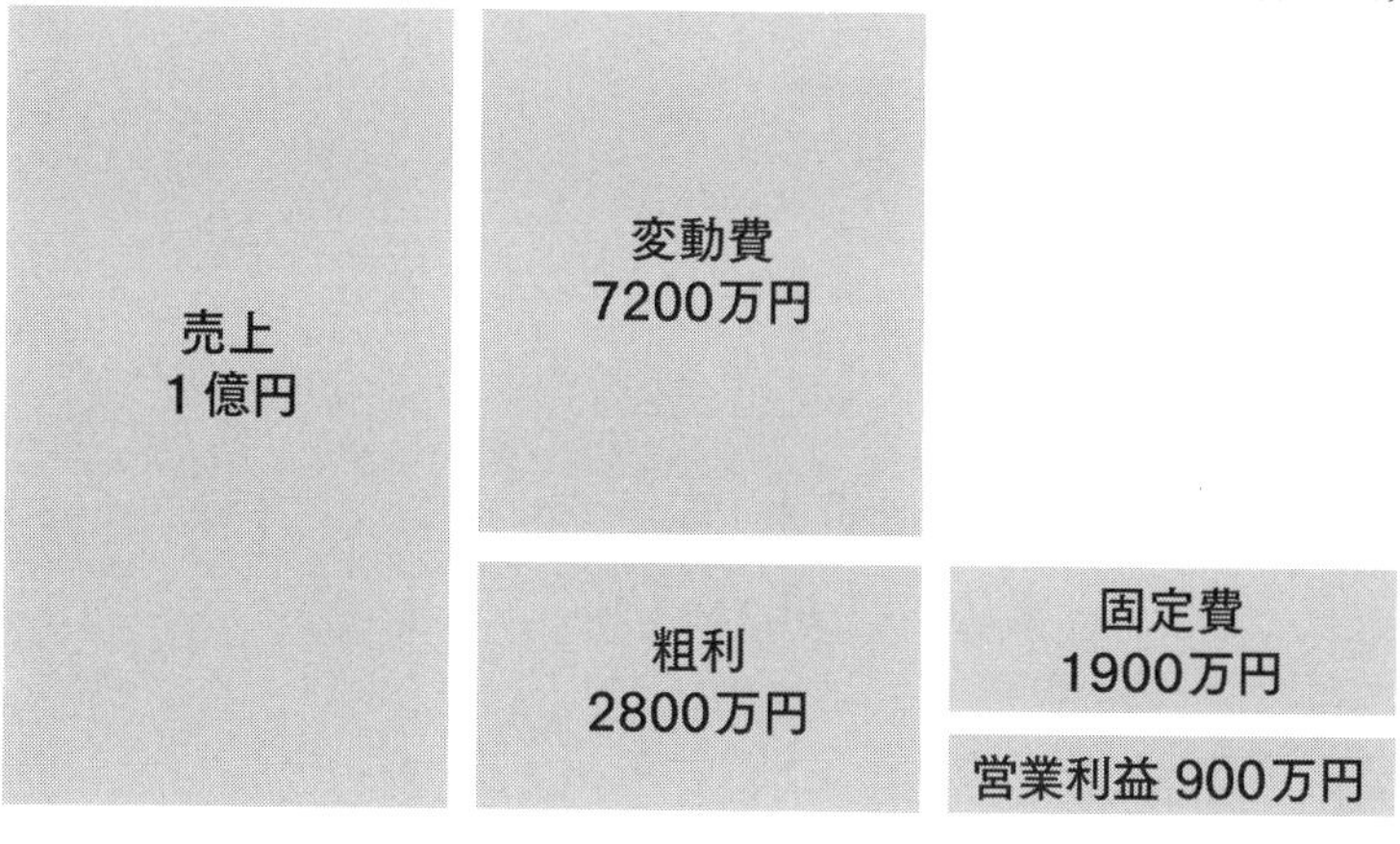

率80％、粗利率20％）。また、固定費が1900万円かかっているため、営業利益は100万円です（図31）。

この会社のRPGは、

営業利益 100万円 ÷ 粗利 2000万円 × 100 ＝ 5％

となります。

では、B社が変動費を10％減らすことができたとしたら、どうなるでしょうか（図32）。8000万円だった変動費が10％減るので、変動費が7200万円となり、粗利が2800万円となります。

そして、固定費は1900万円のままなので、営業利益は900万円になります。

この場合のRPGは、

営業利益 900万円 ÷ 粗利 2800万円 × 100 ＝ 32％

となります。

このことから、B社では、変動費が10％減ることによって、RPGが5％から32％へと大幅に向上することが分かります。

このように、変動費が10%減った場合、同じRPG5%の会社であっても、サービス業のように粗利率の高い会社ではわずかなRPGの改善しか見られないのに対し、卸売業のように粗利率の低い会社では、大幅にRPGが向上するのです。

このような理由から、仕入が多く粗利率の低い卸売業や小売業こそ、優先的に原価率を下げる工夫をするべきなのです。

2 まとめるか？ 競わせるか？ 安く買うための技術

原価率を下げる基本的な方法は、安く仕入れるための工夫をすることです。原材料費、購入部品費、外注加工費などについて、取引先と交渉し、少しでも安く購入できるようにしていきます。

できるだけ安く仕入れるためには「まとめて安く買う」という集中購買の戦略と、「競わせて安く買う」という分散見積の戦略があります。

①まとめて安く買う（集中購買）

原材料や購入部品のロットを増やすことによって、単価を下げるという方法です。

これまで数種類の部品を使っていたところを、使う部品を1種類に統一することによって、社内での購買量を集中させて増やすといった方法があります。ただし、設計部門をはじめ、この部品を使う要求部門にとっては「部品を変更する」ということになりますので、社内でよく協議をし、コストダウンの目的を理解してもらった上で、協力を取り付けることが必要です。

また、これまで1社で購入していた部品を、他の企業と共同購入することによって購買量を集中させるという方法もあります。この方法も、部品を供給するサプライヤーとの交渉をどの会社が担当するか、物や金の流れをどうするかなど、企業間で取り決めなければならないことが多い点がネックとならないかの検討が必要です。

②競わせて安く買う（分散見積）

次に、いわゆる相見積もりですが、複数のサプライヤーに競わせて調達コストを下げるという方法を考えます。

相見積もりは、同じ条件で複数のサプライヤーを競合させますが、ここでまず大切なのは、フェアな条件で競合させるということです。仕様、個数、納期などの見積もり条件はもちろんのこと、どのサプライヤーに見積もりを依頼しているのか、目標の単価があるのかなどについても情報をオープンにします。

また、特定のサプライヤーから条件についての質問があり、その内容が見積もりに影響するような場合には、その情報も他のサプライヤーに連絡して共有するようにします。

この段階で見積もり条件がフェアでないと感じるサプライヤーがいると、本気で見積もりを作成してくれないばかりか、以後の見積もり要求にも応えてくれなくなってしまう可能性があるので注意してください。

見積もりはできるだけ詳細に、内訳を示して出してもらうのがポイントです。見積もりの明細を1つひとつ細かく精査することでコストダウンのチャンスが生まれます。たとえば、

・現場の作業者が機械に張り付いているような作業にはコストを払わない
・サプライヤーが材料を無駄にして作っている場合、無駄な材料費は払わない

・外注先の加工工程数は鵜呑《うの》みにせず、合理的かを必ず確認する
・簡単な作業を熟練工の工賃で計算していないか確認し、単純作業（部品のカエリ取り、成形品のバリ取り、自動盤のワーク脱着など）にはパート工賃を充ててもらうようにする
・標準より遅い作業のコストは払わない
・業界の賃金水準を上回る人件費は払わない

といった観点から見積書をチェックすることによって、サプライヤーの生産効率の改善を促すことができます。その結果、仕入金額を下げるように交渉できる可能性が高まります。

また、運搬というのは付加価値を生まない作業なので、十分な検討が必要です。たとえば、あるネジ部品10万個を発注しようと相見積もりをとったところ、トラックで30分の距離に工場があるA社と、トラックで10時間の距離にあるB社がともに100万円という見積もりを出してきたとします。

この場合、輸送費はB社のほうがかかるはずなので、純粋な製作費はB社のほうが安い可能性が高くなります。そこで、A社に対して「もう少し安く製作することができるのではないか」と交渉することもできますし、B社に対して「もう少し輸送費を削減する努力

ができないか」と持ちかけることができるのです。

なお、相見積もりの依頼は、多くのサプライヤーに出せばいいというものではありません。たとえば、メーカーとの関係で一次取引先になっているサプライヤーもいれば、二次取引先になっているサプライヤーもあるはずです。中間に業者が入ればそれだけコストが上がってしまうのが通常ですから、見積もりは一次取引先に限定して依頼すれば、あなたの会社にとっては安く調達できる可能性が高まる上に、余計な見積もり依頼の事務作業も減らすことができるのです。

また、一度取引を開始したサプライヤーとの関係も、定期的に見直すことでコストダウンが図れることがあります。長年同じ会社と取引を続けていると、知らず知らずのうちに慣れ合いが生まれ、厳しい採算管理がおろそかになることがあるからです。

もちろん、仕入の値下げをサプライヤーに一方的に要求するのではなく、自社内でも協力できることがないかを一緒に考えてみてください。

たとえば、

・支給している金型がサプライヤーの歩留まり低下の原因になっていないか

・過剰な品質をサプライヤーに要求していないか
・サプライヤーの設備、技能に不向きな作業をさせていないか
・過剰梱包になっていないか
・急な発注や設計変更でサプライヤーの生産工程を乱していないか

などを見直すことで、さらなるコストダウンを図れる可能性があります。

3 コストダウンは開発段階が8割

コストダウンというと、安く仕入れるために、仕入先や調達先、外注先と価格交渉をするイメージがありますが、自社内での工夫によって実現できるコストダウンもたくさんあります。それは、サプライヤーとの交渉によって手に入れられるコスト削減より多いと言っても過言ではありません。

商品の一生を考えてみると、

開発↓調達↓製造↓検査↓梱包↓保管↓運搬↓備え付け

といったさまざまな過程があります。原価率を下げるというと、調達の段階でのコスト削減にばかり目が行きがちですが、右記の全過程において原価低減を考える必要があります。

たとえば、調達のコストには神経を使っているのに、倉庫代（保管費）、包装代（梱包費）、輸送代（輸送費）は業者の言いなりになっている、ということでは意味がありません。意外なところにコストダウンのネタが転がっているかもしれません。

特に「コストダウンの8割は開発段階で決まる」というように、原価率を下げる意識を十分に持って開発を行っているかどうかで、その会社の粗利に大きな影響を与えます。なぜなら、開発段階で作られる図面や仕様書に、その製品に必要な性能、機能が記載されると、原材料や部品の購入コスト、組み立て等の工数がこの段階で自動的に決まってしまい、その後の努力で改善できる余地はほとんどないからです。

部品については材料を決めることによって材料単価が決まり、さらに形状、公差、熱処理、表面処理を指定することによって加工順序や加工内容、金型や治具《じぐ》（加工・組立位置の誘導器具）・設備が決まり、必然的に原価のほとんどが決まるのです。

ですから、たとえば自動車の製造では、開発段階で、「カバーの成形は、射出成形にするのか、真空成形にするのか、ホットプレスにするのか」とか、「カバーの使用材料はペレットか、シボ付きシートか」とか、「後加工としてトリミングをするのかしないのか」などを検討し、仕様によってどの程度原価に影響を与えるのかを考えなければなりません。

どのように製品を設計するかによって違いが出るのは、必要になる材料や部品の種類だけではありません。

難しい製造工程があると、どうしても歩留まりが悪くなるので、**できるだけ歩留まりが上がる設計にしてください**。また、仕入れた材料を有効的に材料取りし、無駄をなくしたり、残材も有効活用できないか検討したりすることによっても、原価率を下げることができる可能性があります。

同じ性能の製品を同じ値段で販売するなら、部品の点数を減らす設計に取り組むことも重要な検討事項です。

新製品を開発する際や、仕様を変更する際には、ティアダウンを取り入れてみてください。ティアダウンとは、自社製品と競合する他社製品を入手し、部品やその子部品まで細かく分解し、比較分析することをいいます。

自社内の知識や経験だけでコストダウンを議論するのではなく、他社製品と比べることで、

・自社の設計に過剰な機能、仕様がないか
・自社の設計に重複する機能、仕様がないか
・自社の設計に不要な機能、仕様がないか

を議論するとよいでしょう。

開発設計段階で検討すべき原価率低減の視点をまとめると以下のとおりとなります。

●材料単価

①材料・部品は機能、仕様から見て適切か
②他の安い代替材や部品で機能を果たせないか

③標準部品、共通部品が使えないか
④新材料、新部品の業者情報を活用しているか

●**材料の使用量**

①固定方法を工夫し、部品点数を減らせないか
②素材からの材料取りに無駄はないか
③形状や板厚を見直して使用量を減らせないか
④残材の有効活用ができないか
⑤部品構成をモジュール化（規格化）できないか

●**加工工数**

①必要以上の精度、仕上げを求めていないか
②組み立ては簡単になっているか
③固定方法は合理的か
④オーバースペックが原因で時間や工数がかかっていないか

4 穏便に値下げを受け入れてもらえる意外な交渉法

原価低減のためには価格交渉がつきものですが、交渉に苦手意識のある人が少なくありません。苦手意識のある方からは、「どこまで強く自分の立場を主張していいのか分からず、結局相手の言いなりになってしまう」とか、逆に「強く言いすぎて相手を怒らせてしまった」などの失敗談を聞くことがあります。

実は、上手に交渉を進めていくにはいくつかのコツがあります。ここでは、価格交渉がうまくいく3つのポイントを紹介します。

①自社のバトナと相手のバトナを比較する

交渉ごとが思い通りにまとまるかどうかは、実は**バトナ（BATNA）の有無、強弱**によって決まります。バトナという言葉を聞いたことがないという方も多いかもしれませんが、これは「Best Alternative To a Negotiated Agreement」の略で、**「目の前の交渉相手と合意ができなくても困らない最善の代替案」**という意味です。

たとえば、あなたの会社がいつも部品を購入しているサプライヤーと価格交渉をする際に、仮に交渉が決裂しても他のサプライヤーから調達するルートがあるとすれば、あなたの会社に**バトナがある状態**です。安く調達するルートがあれば**強いバトナがある状態**、今より少し高くなってしまうけど調達できるということであれば**弱いバトナがある状態**といえます。

一方、サプライヤー側から見ると、あなたの会社との取引が途絶えてしまうと会社の存続が危うくなるのであれば**バトナがない状態**、あなたの会社と取引をしなくても、他の会社から注文が絶えないということであれば**バトナがある状態**です。

交渉の落としどころというのは、お互いのバトナの有無、強弱で決まってきます。ですから、自社に有利なバトナをあらかじめ複数用意しておき、相手にバトナがあるのか、そのバトナはどのくらい強いのかを測りながら交渉を進めていくとよいでしょう。

②長期的な利益を優先する

価格交渉の場面では、ついつい目先の数字にとらわれてしまいがちです。しかし、会社は3年後、5年後、10年後と永続し、発展し続けなければなりません。そして、このことは相手の会社にとっても同じことです。

たとえば、あなたの会社にとってあまりにも有利な条件で価格を設定してしまうと、最初のうちは相手もその条件を守ることができても、日々の無理が重なって長い間続けることができないかもしれません。そうなってしまうと、また新たな取引先を探して条件交渉をしなければならず、あなたの会社にとっても長期的には不利益になってしまいます。

サプライヤーに値下げをお願いする場合には、サプライヤー側のコスト削減など生産性が向上する提案をセットにしたり、値下げの代わりに長期的な取引や取扱量の増量を約束したりするなど、相手にとっても長期的な利益があることを示せると交渉がスムーズに進みます。

③伝える内容より伝え方を大切に

人間は感情の生き物であると言われます。交渉の場面でも人は「合理性」だけで是か非かを判断するのではなく、「好き嫌い」といった感情で多くのことを決めています。話がこじれてしまうと、「絶対に譲りたくない」と意地の張り合いになり、決着が遅れ、お互いが時間とお金の無駄遣いをすることになります。相手が気持ちよく交渉を進めてくれるためのポイントは次の４つです。ちょっとした工夫で交渉を上手に進めることができます。

●できるだけ会って話をする

メールやさまざまなビジネスチャットツールが普及し、遠方の相手とも気軽にコミュニケーションをとれる時代になりました。また、新型コロナウイルスの流行をきっかけにZoomなどのオンライン会議システムの利用も広がりました。

しかし、どんなに便利な世の中になっても、会って話すことほど気持ちが伝わる方法はありません。もちろん、便利なオンラインツールを活用することは大切ですが、**「ここぞ」という大事な商談の時にはあえて「会いに行く」という選択をする**ことで、相手にも誠意が伝わるのではないでしょうか。

●相手の話は最後まで聞く

交渉の場面では、とにかく自分の主張を早く相手に伝えなければならないと考える方がいますが、必ずしも正しくありません。そもそも、自分に話したいことがある方は相手の話を聞いていないもので、お互いがその状態では交渉になりません。

逆に、人は、自分の話をよく聞いてもらい、心から共感してもらえると、自分が主張していた条件を受け入れてもらえなくてもあまり気にならなくなります。ですから**「聞くことは最大の譲歩」**と心得て、相手の話は最後まで聞くようにしてください。

●返事はすぐにする

当たり前のことですが、交渉の場面で返事はすぐにしてください。決着が早まるのはもちろんですが、素早い返事は相手にこちら側の熱意が伝わるというメリットもあります。「この取引を本気で考えてくれているんだな」「うちのことも一生懸命考えてくれているな」と受け取ってもらえれば、円満な交渉成立が期待できます。

●名前を覚えて名前を呼ぶ

意外に思われるかもしれませんが、人は名前で呼ばれるとちょっと嬉しいものです。できるだけ相手の名前を覚えて「○○さんの仕事はいつも丁寧でありがたいです」などと名前で呼ぶと、必ず相手の印象はアップするでしょう。

5 正確にRPGを計算するための工夫

RPGは、

営業利益 ÷ 粗利（売上総利益）×100

というとてもシンプルな計算式で算出されます。

この経営指標の優れている点は、第1章でもふれた通り、業種業態に関わらず、どの程度まで売上が減少しても赤字にならないかを示していることです。たとえば、RPGが10％ならば、売上が10％減少しても赤字にならないことを示しています。

とても大切なことなので、改めて図を使って説明します。

■〔関係性1〕粗利と営業利益の関係

RPGは粗利に対する営業利益の割合を示しています。RPGが10％ということは、粗

利を100とした時、固定費が90%、営業利益が10%という状態にあることを示していま
す（図33）。

粗利が減っても固定費は変わりませんので、粗利が10減った時に、収支がトントンになるということになります（図34）。

図 33

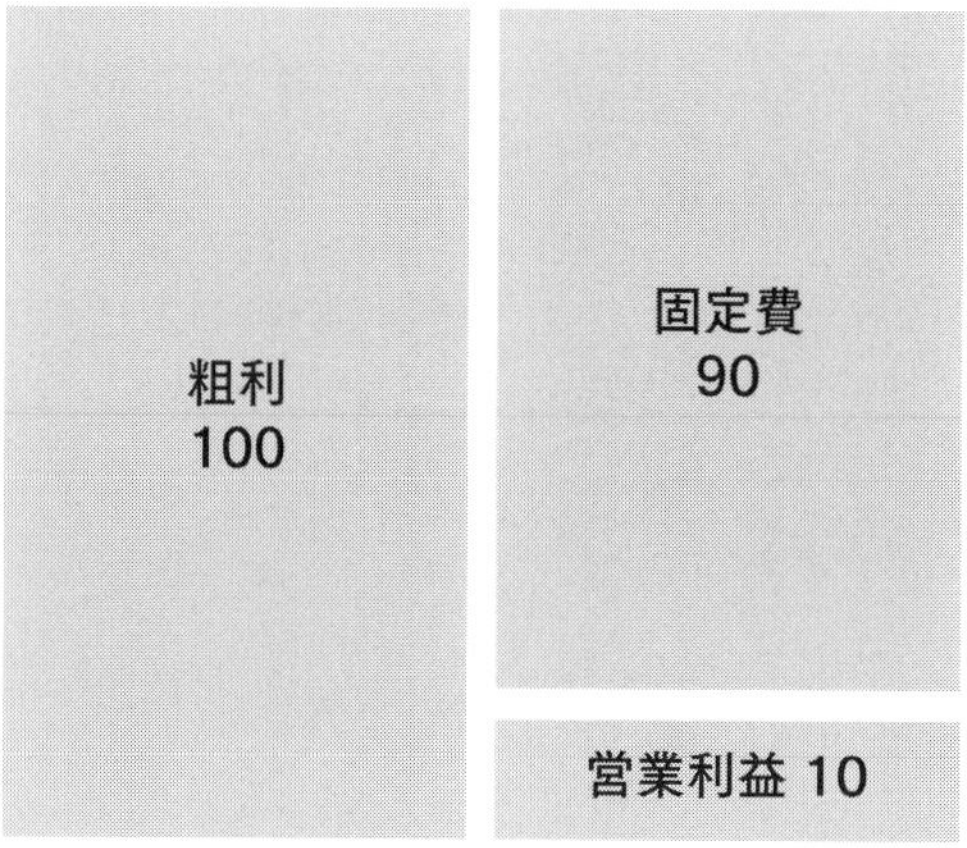

図 34

RPG が 10%の場合、粗利が 10%減ると収支がトントンに。

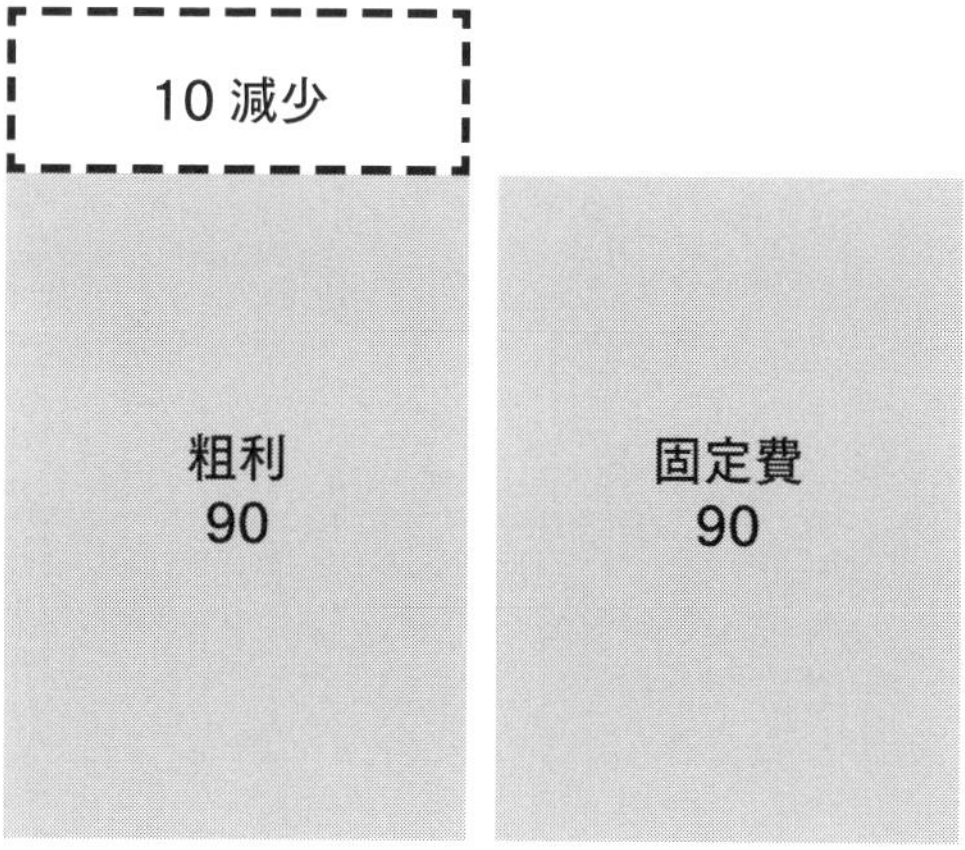

図 35

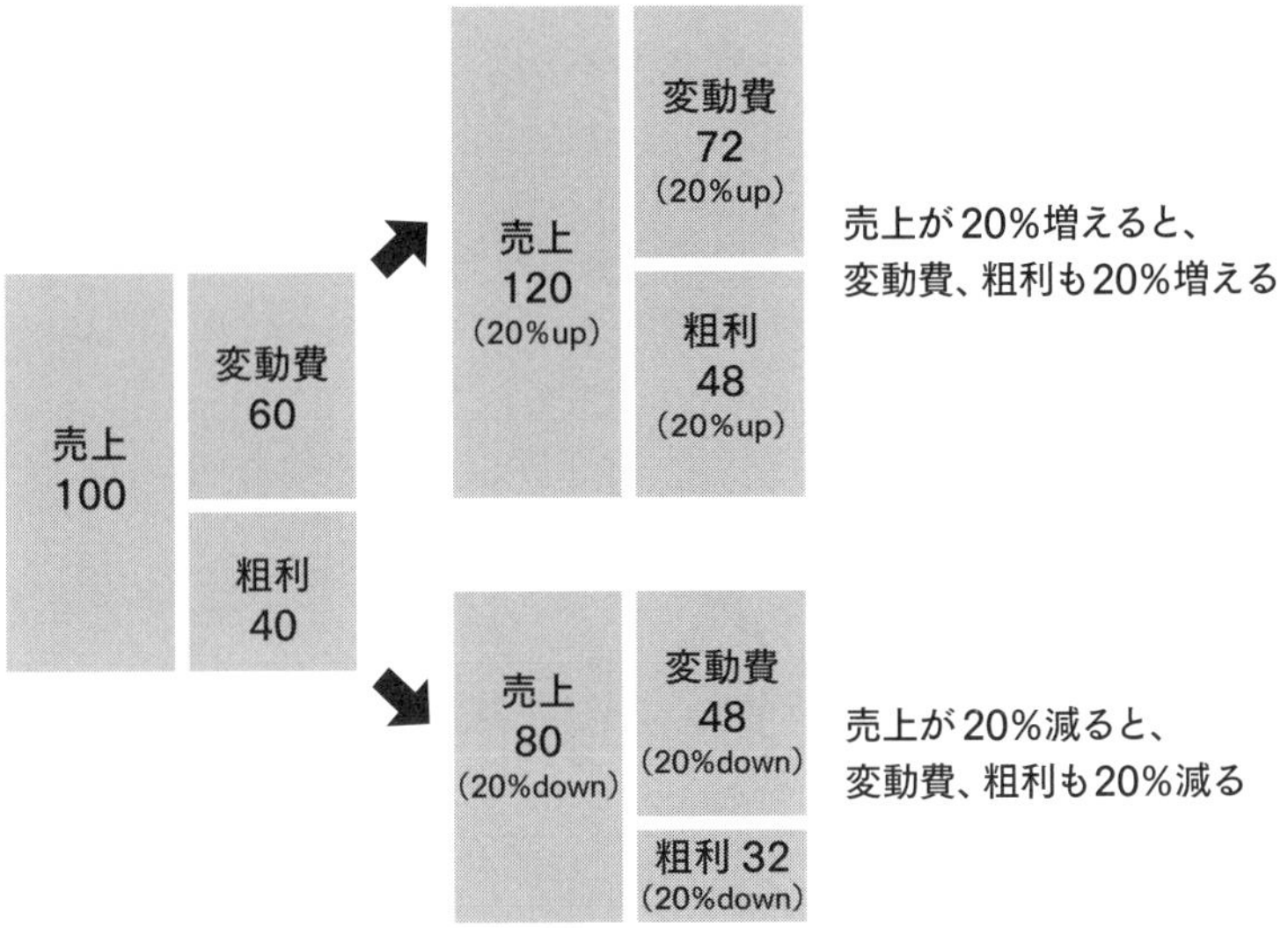

■（関係性2）　粗利と売上の関係

次に、売上と変動費、粗利の関係を見てみましょう。

変動費と粗利は、売上に連動します。売上が増えれば同じ割合だけ変動費も粗利も増えますし、売上が減れば同じ割合だけ変動費も粗利も減ることになります（図35）。

この「関係性1」と「関係性2」を合わせて考えると、RPGが10％ということは、**「粗利が10％減った時」＝「売上が10％減った時」に収支がトントンになる**ということを意味していることになるのです。

ちなみに、RPGがマイナスの場合に

図36

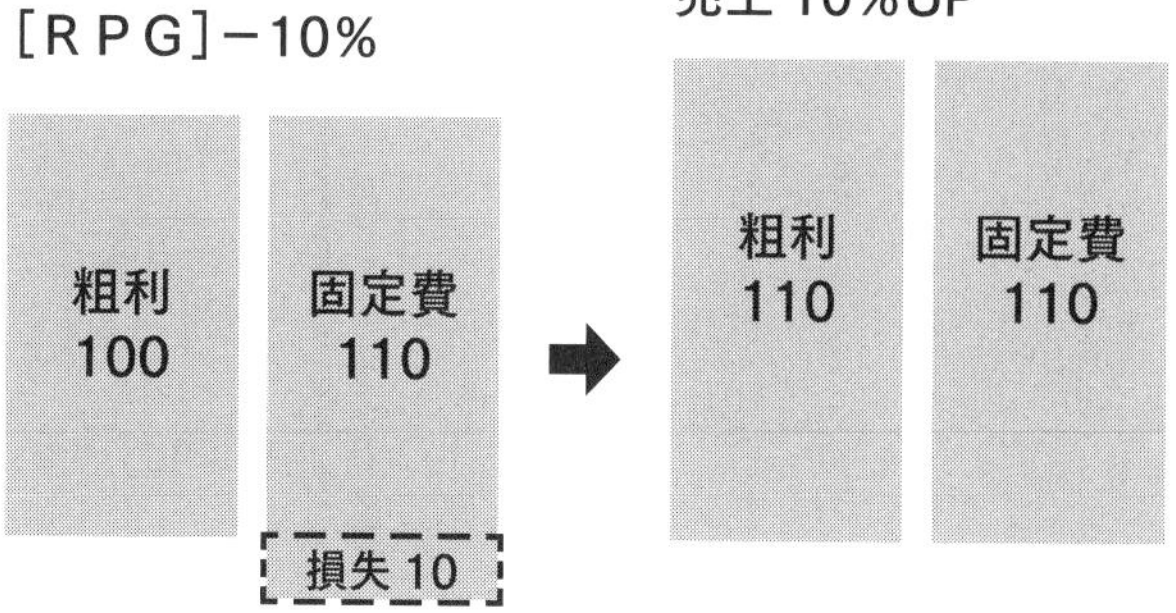

RPGが−10%の時は、売上が10%増えると収支がトントンになる

は、売上がどの程度増加すれば赤字を脱することができるかを示していることになります。たとえば、ＲＰＧがマイナス10%ということは、売上が10%上がると収支がトントンになることを意味します（図36）。

ところで、ここまで、

・変動費とは損益計算書上の売上原価のことである（変動費＝売上原価）

・粗利とは損益計算書上の売上総利益のことである（粗利＝売上総利益）

・固定費とは損益計算書上の販売費及び一般管理費（販管費）のことである（固定費＝販管費）

という前提でお話をしてきましたが、実は業種によってはこの説明が当てはまらないケースがあります。典型例が製造業の場合です。

図 37

製造原価報告書

自 ＿＿＿＿＿年 ＿月 ＿日
至 ＿＿＿＿＿年 ＿月 ＿日

（単位：円）

科目	金額	
【材料費】		
期首原材料棚卸高	218,138	
原材料仕入高	11,699,710	
合計	11,917,848	
期末原材料棚卸高	1,812,897	
当期材料費		10,104,951
【労務費】		
賃金	4,013,568	
法廷福利費	708,028	
福利厚生費	79,904	
当期労務費		4,801,500
【外注費】		
外注加工費	30,525,398	
当期外注費		30,525,398
【経費】		
その他の製造経費	857,143	
動力用光熱費	252,847	
賃借料	399,600	
保険料	46,830	
減価償却費	3,433	
運賃	57,949	
消耗品費	3,445,989	
水道光熱費	59,478	
交際接待費	11,000	
租税公課	54,121	
車両費	456,863	
雑費	178,280	
当期経費		5,823,533
当期製造費用		51,255,382
合計		51,255,382
期末仕掛品棚卸高		250,000
当期製品製造原価		51,005,382

人件費が原価に計上されている

図 38

売上原価に固定費が混ざっていると正確なRPGが計算できない。

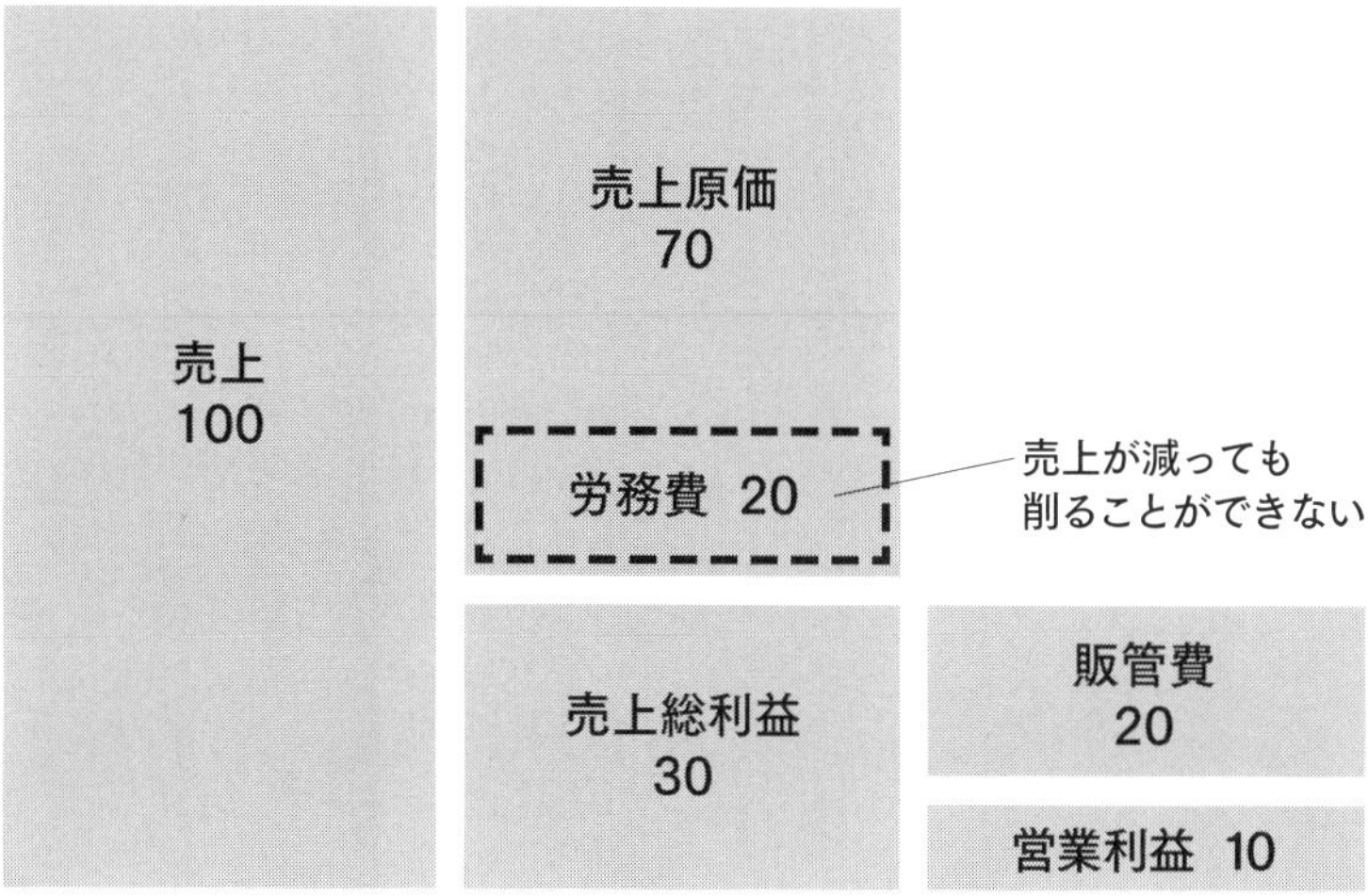

決算書の中にある、製造原価報告書を確認してみてください（図37）。原価の中に労務費として、製造に関わる従業員（主に工場で働く従業員）の人件費が計上されているのではないでしょうか。

しかし、従業員の給料は、たとえ売上が減っても支払わなければなりません（図38）。

ですから、RPGを正確に算出するためには、従業員にかかる人件費はすべて変動費ではなく固定費に計上して計算します。工場の賃料などの経費も同様に、すべて固定費に計上してRPGを計算することで、会社の経営成績や安全性を正確に知ることができるのです（図39）。

図 39

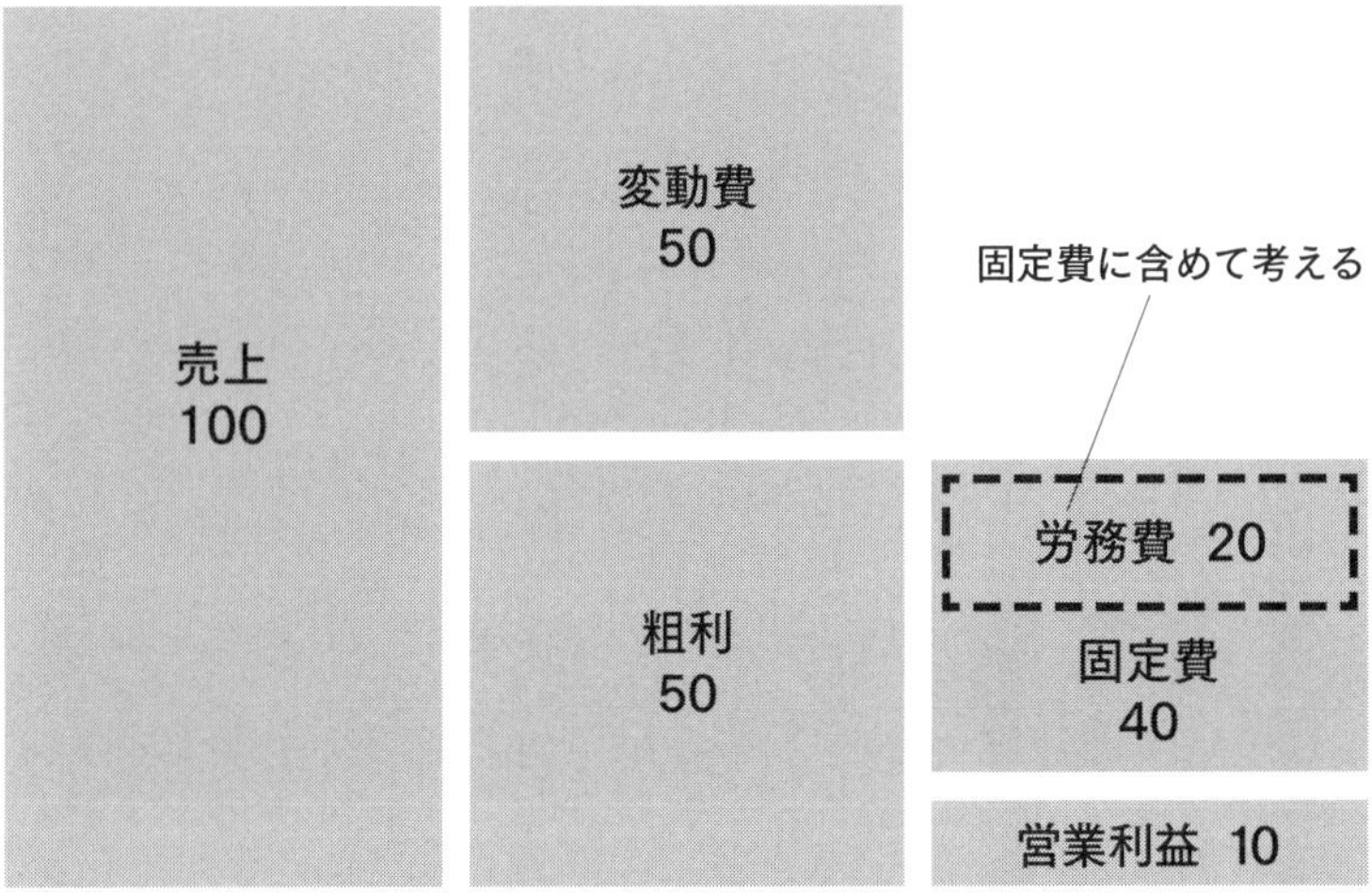

［ＲＰＧ］＝10÷50×100＝20％

労務費などの固定費も原価に入れて計算する製造原価報告書は、製品製造コストを把握して値決めを検討する際には役立ちます。

しかし、固定費と変動費の額を把握するために作成されたものではないため、正確なＲＰＧを計算するためには、工夫が必要になるのです。

有名企業のRPG比較

2020年に発生したコロナショックによって、多くの企業は売上を大幅に減少させ、倒産したり経営危機に陥ったりする企業も多数出るなど、世界経済に深刻な影響を与えました。しかし、同じ業界の似たような企業でも、コロナショックを力強く乗り越える企業もあれば、売上減から一気に経営危機に陥る企業もあります。

その違いは、RPGの違いで説明がつきます。普段から高いRPGを維持していた企業は、一定の売上減少があっても耐えられますが、RPGが低い会社が売上を減らすと、途端にピンチに陥るのです。

そこで、同じ業界にいる有名企業のRPGを比較してみましょう。

＊なお、先述の通り、RPGを正確に計算するためには、売上原価に含まれる人件費等を固定費として計上する必要がありますが、製造原価の内訳はすべて公開されているわけではないので、ここでは各企業が公開する「営業利益÷粗利（売上総利益）×100」を計算して暫定的なRPGとしています。したがって、正確なRPGはこの数値より下がる可能性があります。

図 40

【アパレル】　（単位：百万円）

会社名	項目	2018 年 3 月期	2019 年 3 月期	2020 年 3 月期
ワークマン（単体）	売上	56,083	66,969	92,308
	売上原価	35,615	41,770	57,923
	売上総利益	20,467	25,198	34,385
	販管費	9,865	11,673	15,214
	営業利益	10,603	13,526	19,171
	暫定ＲＰＧ	**51.8%**	**53.7%**	**55.8%**
		2018 年 2 月期	2019 年 2 月期	2019 年 12 月期
レナウン（連結）	売上	66,396	63,664	50,262
	売上原価	34,647	34,708	26,798
	売上総利益	31,749	28,955	23,464
	販管費	31,534	31,535	31,464
	営業利益	215	-2,579	-7,999
	暫定ＲＰＧ	**0.7%**	**-8.9%**	**-34.1%**

■アパレル業界（図40）

作業服の製造販売が本業であったワークマンは、高性能なのに安くてオシャレだと評判になり、若者や女性にまで人気が広がりました。全国868店（2020年3月現在）の店舗数はユニクロをもしのぎます。高ＲＰＧ経営を続けてきた上に、繁華街に店が少ないこともあって、コロナ禍にあってもその勢いに陰りはありません。

一方、日本のアパレル業界で圧倒的なナンバー１の地位を築いていたレナウンは、百貨店に販売を頼る旧態依然とした体質から抜けきれず、２０１９年期から２期のＲＰＧはマイナスの状態でした。ちょっとした不況にすら耐えられない体力しか残っておらず、上場企業のコロナ倒産第１号となってしまいました。

図 41

【自動車】　　　　　　　　　　　　　　　　　　　　　　　　　　（単位：百万円）

会社名	項目	2018 年 3 月期	2019 年 3 月期	2020 年 3 月期
トヨタ（連結）	売上	29,379,510	30,225,681	27,775,932
	売上原価	22,600,474	23,389,495	23,143,209
	売上総利益	6,779,036	6,836,186	4,632,723
	販管費	4,379,174	4,368,641	2,483,501
	営業利益	2,399,862	2,467,545	2,149,222
	暫定ＲＰＧ	**35.4%**	**36.1%**	**46.4%**
日産（連結）	売上	11,951,169	11,574,247	9,878,866
	売上原価	9,814,001	9,670,402	8,442,905
	売上総利益	2,137,168	1,903,845	1,435,961
	販管費	1,562,408	1,585,621	1,476,430
	営業利益	574,760	318,224	-40,469
	暫定ＲＰＧ	**26.9%**	**16.7%**	**-2.8%**

■自動車業界（図41）

高ＲＰＧ経営を続けるトヨタは、コロナ以後に金融機関から約１兆２５００億円を借り入れましたが、これは手元資金の自由度を高めるためで、実際のところは５兆円以上の手元資金があるなど当面の経営に不安はありません。

一方で、ゴーン元会長の逮捕や、ルノー・三菱との提携に揺れる日産自動車は、低ＲＰＧにあえぎ、２０２０年３月期にはマイナスに転落しました。コロナの影響を受ける２０２１年３月期の決算ではさらに赤字が大幅に拡大する見込みで、大量リストラなどテコ入れが必要なピンチを迎えています。

図 42

【航空】

（単位：百万円）

会社名	項目	2018年3月期	2019年3月期	2020年3月期
日本航空（連結）	売上	1,383,257	1,487,261	1,411,230
	売上原価	993,635	1,075,233	1,076,148
	売上総利益	389,621	412,028	335,081
	販管費	215,055	235,867	234,449
	営業利益	174,565	176,160	100,632
	暫定ＲＰＧ	**44.8%**	**42.8%**	**30.0%**
全日空（連結）	売上	1,971,799	2,058,312	1,974,216
	売上原価	1,481,881	1,559,876	1,583,434
	売上総利益	489,918	498,436	390,782
	販管費	325,402	333,417	329,976
	営業利益	164,516	165,019	60,805
	暫定ＲＰＧ	**33.6%**	**33.1%**	**15.6%**

■航空業界（図42）

経営破綻から再生し、再上場を果たしたＪＡＬは、稲盛和夫元会長がアメーバ経営を導入するなどして高収益を維持してきました。コロナショックで多くの路線を運航できなくなっても、全従業員を一時帰休させず、全国に派遣して観光振興を兼務させるなどして雇用を維持しています。

一方のＡＮＡは、収益性でＪＡＬに見劣りをしていました。コロナショック後はいち早く従業員の一時帰休を決めた上、年収を３割カットしたり、希望退職を募ったりするなどして人件費の圧縮を進めています。

第4章

「物経費（固定費）」を抑えてRPGを高める方法

1 固定費(販管費)を人、未来、物の3つに分類すべき理由

RPGを高める3つ目の方法は、物経費(固定費)を削るというものです。

ここで突然に「物経費」という言葉が出てきましたが、これは、固定費(販管費)を**「人経費」「未来投資」「物経費」**の3つに分けたうちの3つ目という意味です。順番にご説明します。

一般的に、決算書の中には貸借対照表、損益計算書に続いて、固定費の明細書である**「販売費及び一般管理費内訳書(明細書)」**という一覧表がついていると思います(図43)。

この明細書を見ながら、削減できる経費を考え、アクションプランを考えるわけですが、通常の明細書には20~40項目の科目が記載されているので、どの項目を優先的に削減すればいいかを考えにくいのです。あれこれ考えているうちに、社長の頭も部下への指示もあいまいになってしまいかねません。

そこで、それぞれの科目を**「徹底的に削減すべき科目」「できれば削減したくない科目」**

図 43

販売費及び一般管理費内訳書

自 ＿＿＿＿＿年 ＿月 ＿日
至 ＿＿＿＿＿年 ＿月 ＿日

（単位：円（又は千円））

項目	金額
役員報酬	48,000,000
給与	120,000,000
賞与	35,000,000
退職金積立金	24,000,000
法定福利費	6,800,000
福利厚生費	7,400,000
通勤手当	8,500,000
広告宣伝費	3,450,000
旅費交通費	8,800,000
接待交際費	1,530,000
会議費	350,000
通信費	3,340,000
水道光熱費	92,740,000
租税公課	12,000,000
消耗品費	2,580,000
リース料	7,400,000
賃借料	72,000,000
運搬費	68,000,000
保険料	24,000,000
支払手数料	126,000
減価償却費	6,520,000
研究開発費	54,000,000
採用費	24,000,000
教育研修費	8,800,000
合計	**639,336,000**

図 44

DL 可

RPG経営勉強会【セクション1-2】

販管費３分類シート

未来創造グループ

会社名		記入日	

＿＿＿＿年（直近期）

④ 固定費の総額 　　　　　円 ※「販売費及び一般管理費」を記入	⑦ そのうち 「人」経費の合計　　　　円 ※RPGシートの⑦の欄に転記して下さい	※「幸せの源泉」となるものでできるだけ削減してはいけないものです。 ※「役員報酬」「給与」「賞与」「退職金」「通勤手当」「法定福利費」「福利厚生費」などがこれにあたります。
	⑧ そのうち 未来投資の合計　　　　円 ※RPGシートの⑧の欄に転記して下さい	※会社の未来のための投資で、これを削りすぎると先細りしてしまいます。 ※「研究開発費」「採用費」「教育研修費」「広告宣伝費」などがこれにあたります。
	⑨ そのうち 「物」経費の合計　　　　円 ※RPGシートの⑨の欄に転記して下さい	※上記にあたらない全ての経費で、顧客満足が低下しない限度で徹底的に削減します。 ※「家賃」「水道光熱費」「減価償却費」「旅費交通費」「接待交際費」「通信費」「消耗品費」「リース料」「保険料」「顧問料」「租税公課」などがこれにあたります。

＿＿＿＿年（前の期）

④ 固定費の総額 　　　　　円 ※「販売費及び一般管理費」を記入	⑦ そのうち 「人」経費の合計　　　　円 ※RPGシートの⑦の欄に転記して下さい	※「幸せの源泉」となるものでできるだけ削減してはいけないものです。 ※「役員報酬」「給与」「賞与」「退職金」「通勤手当」「法定福利費」「福利厚生費」などがこれにあたります。
	⑧ そのうち 未来投資の合計　　　　円 ※RPGシートの⑧の欄に転記して下さい	※会社の未来のための投資で、これを削りすぎると先細りしてしまいます。 ※「研究開発費」「採用費」「教育研修費」「広告宣伝費」などがこれにあたります。
	⑨ そのうち 「物」経費の合計　　　　円 ※RPGシートの⑨の欄に転記して下さい	※上記にあたらない全ての経費で、顧客満足が低下しない限度で徹底的に削減します。 ※「家賃」「水道光熱費」「減価償却費」「旅費交通費」「接待交際費」「通信費」「消耗品費」「リース料」「保険料」「顧問料」「租税公課」などがこれにあたります。

＿＿＿＿年（その前の期）

④ 固定費の総額 　　　　　円 ※「販売費及び一般管理費」を記入	⑦ そのうち 「人」経費の合計　　　　円 ※RPGシートの⑦の欄に転記して下さい	※「幸せの源泉」となるものでできるだけ削減してはいけないものです。 ※「役員報酬」「給与」「賞与」「退職金」「通勤手当」「法定福利費」「福利厚生費」などがこれにあたります。
	⑧ そのうち 未来投資の合計　　　　円 ※RPGシートの⑧の欄に転記して下さい	※会社の未来のための投資で、これを削りすぎると先細りしてしまいます。 ※「研究開発費」「採用費」「教育研修費」「広告宣伝費」などがこれにあたります。
	⑨ そのうち 「物」経費の合計　　　　円 ※RPGシートの⑨の欄に転記して下さい	※上記にあたらない全ての経費で、顧客満足が低下しない限度で徹底的に削減します。 ※「家賃」「水道光熱費」「減価償却費」「旅費交通費」「接待交際費」「通信費」「消耗品費」「リース料」「保険料」「顧問料」「租税公課」などがこれにあたります。

「削減してはいけない科目」に分類していくのです。

図44は、弊社、未来創造コンサルティングがお客様と一緒に会計と経営を考える「RPG経営勉強会」で配布している「販管費3分類シート」というフォーマットシートです。これを参考に説明しましょう。

■人経費

人経費というのは、文字通り、会社の従業員に支払う経費のことです。

典型的なのは**「給与」「賞与」「通勤手当」**などですが、その他にも**「退職金」「法定福利費」**などがこれに当たります。**「福利厚生費」**は社員に支給されるものではありませんが、社員が間接的にさまざまなサービスを受けるために会社が支払う経費なので、これも人経費に含めて考えます。

また、会社に関わる人には、従業員だけでなく、社長をはじめとする役員も含まれるので、**「役員報酬」「役員退職金」**などもこれに含まれます。

■未来投資

未来投資というのは、今すぐ会社の売上や利益に貢献するとは限らない出費ではあるものの、会社の事業を伸ばしたり、生産性を向上させたりするために支払われる経費をいいます。

典型的なのは、**「研究開発費」**です。

その他にも、多くの会社の成長の源泉はそこで働く人ですから、新卒や中途の社員を採用するための広告や活動に使う**「採用費」**や、採用した社員がより高度な仕事ができるように教育するための**「教育研修費」**がこれに当たります。

さらに、**「広告宣伝費」**も、今すぐではなく将来の会社の売上を作るために支払う経費という意味で、未来投資に含めて考えます。

■物経費

「物」という名前がついていますが、固定費のうち人経費、未来投資を除いたすべての経費が物経費となります。

「旅費交通費」「接待交際費」「通信費」「租税公課」「家賃」「消耗品費」「リース料」「賃

図 45

販売費及び一般管理費内訳書

自 ＿＿＿＿＿年 ＿月 ＿日
至 ＿＿＿＿＿年 ＿月 ＿日

（単位：円 (又は千円))

項　　目	金　　額	
役員報酬	48,000,000	人経費
給与	120,000,000	
賞与	35,000,000	
退職金積立金	24,000,000	
法定福利費	6,800,000	
福利厚生費	7,400,000	
通勤手当	8,500,000	
広告宣伝費	3,450,000	未来投資
旅費交通費	8,800,000	物経費
接待交際費	1,530,000	
会議費	350,000	
通信費	3,340,000	
水道光熱費	92,740,000	
租税公課	12,000,000	
消耗品費	2,580,000	
リース料	7,400,000	
賃借料	72,000,000	
運搬費	68,000,000	
保険料	24,000,000	
支払手数料	126,000	
減価償却費	6,520,000	
研究開発費	54,000,000	未来投資
採用費	24,000,000	
教育研修費	8,800,000	
合計	**639,336,000**	

借料」「運搬費」「保険料」「支払手数料」「減価償却費」などが典型例です。

「倉庫保管料」「新聞図書費」「会議費」などの科目がある場合もありますし、会社によってはその他にもさまざまな科目を使っている場合があります。

まずは、販売費及び一般管理費内訳書（明細書）のすべての科目を、人経費、未来投資、物経費のどれに当たるのかを1つひとつ振り分け、色分けをしてみてください（図45）。

2 「人経費」と「未来投資」の削減は考えない

固定費（販管費）のすべての科目を、人経費、未来投資、物経費に3分類したら、優先的に削減すべき経費と、削減を考えてはいけない経費に分けていきます。

まず、**人経費については、原則として削減を考えてはいけません**。

なぜなら、会社というのは、そこで働く社員を幸せにするために存在しているのであり、人経費というのは社員の幸福のための源泉になるものだからです。

「会社は誰のために存在するのか」という問いについては、いろいろな考え方があると思います。

社長は社員に給料を払っているのだから、会社は社長のためにあるという考え方もあれば、お客様がいて初めて商売が成り立つのだから、会社はお客様のために存在するのだという考え方もあります。あるいは、投資家からすれば、株主は会社のオーナーなんだから、会社は株主のために存在するのが当たり前だという考え方もあるかもしれません。

私は、勤めていた法律事務所から独立し、30歳の時に自らの事務所を立ち上げた時は、「会社は社長である自分のためにある」という考え方でした。大学3年生の時、史上最年少で司法試験に合格し、自信満々だった私は「自分だったら何でもできる」と己の力を過信していました。しかし、クライアントは増えたり減ったりの繰り返し。天狗になり、偉そうで鼻持ちならない私のもとにクライアントが定着しないのは当然なのに、そのことに気づかず、売上が伸びないことをスタッフやお客様などすべて他人のせいにしていました。本当に恥ずかしい話です。

そんな私の考え方と人生を変えてくれたのが京セラやＫＤＤＩを創業し、ＪＡＬを再建させた平成のカリスマ経営者、稲盛和夫氏でした。ご縁があって稲盛氏や、たくさんの先輩経営者から経営を学ぶ機会をいただき、「社長は社員を幸せにするために命がけで働く」という考え方があることを知りました。

思えば、社長がどんなに優秀な会社でも、社長一人でできることなどたかが知れています。「この会社は自分を成長させてくれる。仕事が楽しい」と感じて全力で働く社員がいる会社と、「本当は仕事などしたくない。社長がいい思いをするために自分たち社員があくせく働くなんてやっていられない」と感じて惰性で働く社員がいる会社のどちらの業績がいいかなど、聞くまでもありません。

私も遅ればせながら、「うまくいかないのは全部自分のせいだ」と思えるようになり、社員が一緒に働いてくれること、お客様がいることに自然と感謝できるようになってから、自然と社員が全力で働いてくれるようになり、お客様が次のお客様を紹介してくださるようになって、仕事が楽しくなりました。

稲盛氏が言うように、会社の存在理由の第一は「全従業員の物心両面の幸福」のためであり、従業員が幸せではない会社は、お客様を満足させることも、株主に十分に報いることもできません。

ですから、**人経費を削減することは、会社が自らの存在理由を自己否定することであり、やってはいけない**のです。

会社の経営が少し悪くなるとすぐに、社員のボーナスをカットしたり、リストラをして社員を減らしたりすることを考えるようでは、いい会社は作れません。社員に給与や賞与をたくさん払えば払うほど、社員の幸せに寄与し、社会に貢献するいい会社になったのだと思えるようになれば、いい経営者への第一関門はクリアでしょう。

もちろん、会社の経営が厳しい時には、あらゆる経費削減を考えなければなりませんが、まずは人経費以外の削減を考え、次に社長や役員の人件費をカットすることを考えるべきです。社員の人件費をカットするのは、非常事態時の本当に最後の手段です。

次に、**未来投資もできるだけ削減しないように努力をしてください**。

不況になると、研究開発費や人の採用を絞る会社が少なくありません。中小企業であれば毎年、決算書を金融機関に提出するため、上場企業であれば四半期ごとに経営成績を投資家へ説明するため、どうしても目先の利益を確保したいと考えてしまいます。

その結果、「新製品の開発に人や金、時間を使っても、本当に売れる製品ができる保証はない。それなら今売れている製品の販売に集中しよう」とか、「今、新人を採用しても戦力になるためには2~3年教育をしなければならない。十分な利益が出ていない今の状況では、うちの会社にはそんな余裕はない」といった理由で、未来投資を削ってしまうのです。

確かに、未来投資は、今すぐ結果にならない「会社の未来の成長」のための費用ですから、これをカットすると、足下の売上を変えることなく経費が減る結果、目先の利益は増えることになります。

しかし、そのツケは必ず後から回ってきます。

競合する会社が新商品を次々発表するのについていけなかったり、「人が足りない」「社員が育っていない」という問題に直面したりして、成長戦略が描けず、じり貧になっていくのです。最悪のケースでは「未来投資を削る→売上が増えない→利益が出ない→さらに未来投資を削る」という負のループに陥りかねません。

ですから、会社は将来を見据えて、未来投資も続けていかなければならないのです。

3 削減すべき「物経費」の見分け方

固定費のうち、人経費は「削減してはいけない」経費、未来投資は「できるだけ削減しない」経費となりますので、**RPGを高めるためには、物経費を徹底的に削減します。**

もっとも、販売費及び一般管理費内訳書の各科目を3分類しても、おそらく物経費の科目数が一番多く、10～15項目はあります。

そこで、この中のどの科目から削減を検討するかの優先順位をつけていきます。

考え方としては、以下の2つの方法を参考にしてください。

①1つの科目の金額が大きいものから優先的に検討する

たとえば年間10万円かかっている手数料を5％削減するのと、年間1000万円かかっている電気代を5％削減するのとでは、手間は同じだとしても削減できる金額が違います。

前者は5000円、後者は50万円なのですから、まずは金額の大きい科目から削減を検討

図 46

販売費及び一般管理費内訳書

自 ＿＿＿＿＿年 ＿月 ＿日
至 ＿＿＿＿＿年 ＿月 ＿日

（単位：円（又は千円））

項　目	金　額	
役員報酬	48,000,000	
給与	120,000,000	
賞与	35,000,000	
退職金積立金	24,000,000	人経費
法定福利費	6,800,000	
福利厚生費	7,400,000	
通勤手当	8,500,000	
広告宣伝費	3,450,000	未来投資
旅費交通費	8,800,000	
接待交際費	1,530,000	
会議費	350,000	
通信費	3,340,000	
水道光熱費	92,740,000	①最も大きい物経費
租税公課	12,000,000	
消耗品費	2,580,000	物経費
リース料	7,400,000	
賃借料	72,000,000	②2番目に大きい物経費
運搬費	68,000,000	③3番目に大きい物経費
保険料	24,000,000	
支払手数料	126,000	
減価償却費	6,520,000	
研究開発費	54,000,000	
採用費	24,000,000	未来投資
教育研修費	8,800,000	
合計	**639,336,000**	

してください。

先ほど出した例と同じ例（図46）であれば、「①水道光熱費→②賃借料→③運搬費」の順番に削減を検討することになります。

②固定費付加価値性が低い科目から優先的に検討する

もう一つの考え方は「固定費付加価値性」が低い科目を探す、という方法です。

少し難しい言葉を使ってしまいましたが、要するにこの固定費を削減すると会社が提供している商品やサービスの価値がどの程度下がってしまうとか、売上が減少してしまうとかを考慮するということです。

たとえば、都心にある家賃の高いオフィスから、郊外の家賃の安いオフィスに移転することを考えます。会社が自社製品を販売していたり、ネット上でシステムを販売したりする会社であれば、オフィスがどこにあろうとお客様は必要なら購入しますので、この家賃の固定費付加価値性はあまり高くないことになり、積極的に削減を検討すべきことになります。

一方で、頻繁にお客様がオフィスに来社するサービス業の会社であれば、都心からのアクセスのしやすさは売上を決める重要な要素になるでしょう。この場合には固定費付加価値性が高いことになるので、オフィスの移転はやめたほうがよいということが言えます。

物経費の典型的な削減方法の例をいくつか挙げてみましょう。

水道代▼ホテル業やスポーツジムなどは特に、節水仕様のシャワーヘッドへの変更など
電気代▼省エネの機械やLED照明への切り替え、電力供給会社の比較など
旅費交通費▼ウェブ会議の活用による出張の削減、オフィスの近くに転居する社員への引っ越し代の補助など
賃借料▼長期間契約している賃料の近隣相場との比較、賃貸人との交渉
接待交際費▼固定費付加価値性の検討（本当に売上の維持向上に効果があるかの検証）

この物経費の削減は社長だけの仕事ではなく、社員全員の仕事です。特にある程度会社の規模や従業員数が増えてくると、具体的にどのようなことに物経費が使われているかは、幹部より現場のメンバーのほうが具体的に把握しているはずです。

たとえば、営業マンが車で移動する時に、高速道路を利用しているか、一般道を利用しているかなどは、社長は詳しく把握できません。しかし、もし営業マンがあまり深く考えずに高速道路を利用することが習慣になっている場合、その高速代金を支払うほどの付加価値がない場合もあるかもしれません。ですから、現場の営業マンにも協力してもらい、高速代金に固定費付加価値性があまり高くない場合は、一般道の利用も考えてもらうようにするといいのです。

物経費の削減は全社をあげて徹底的に考えるべきですが、1つだけ気をつけなければならないことがあります。

それは、**物経費を削ったことでお客様の満足度が下がってはいけない**、ということです。

たとえば、機械部品を製造する工場からお客様へ納品する際の梱包で、これまでは自社のロゴの入った新品の段ボールを使っていたところ、物経費を削減するために、材料が入っていた段ボールを再利用したとします。

確かに、納品した製品の性能も、中身の見た目も変わらないのですが、これを受け取ったお客様は、「なんだか自分が大切にされていないのではないか」と感じてしまうかもしれません。

ですから、物経費はお客様満足度が下がらない限度で削減していく必要があるのです。

4 経費の勘定科目を3倍に細分化するだけで、ムダな経費が削減できる

全社をあげて物経費の削減に取り組む際に、もう一つ、削減すべき科目が見つけやすくなる方法があります。それは、すべての勘定科目を3倍に細分化するという方法です。

なぜ、勘定科目を細分化すると削減すべき科目が見つけやすくなるか、具体的にお話ししましょう。

たとえば、みなさんは「通信費」を削減してくださいと言われた時、具体的にどのような方法が頭に浮かぶでしょうか。急にそんなことを言われても、すぐには思い浮かばないよ、という方もいらっしゃるかもしれません。

では、この会社の通信費には「固定電話代」「携帯電話代」「プロバイダー使用料」が含まれていたとして、「固定電話代」を削減してください、と言われたらどうでしょうか。たとえば無料のネット電話が使える場合にはそちらを優先して使うようにするとか、もっと基本料金が安くなるプランに変更するといった方法を思いつくと思います。

「携帯電話代」の削減であれば、格安スマホに切り替えるとか、データの使用料に上限を設けるといった方法があるかもしれません。

さらに、年間の通信費が300万円かかっている会社で、その内訳が、

- **固定電話代　80万円**
- **携帯電話代　200万円**
- **プロバイダー使用料　20万円**

だった場合、プロバイダー使用料の削減を一生懸命考えるより、まずは携帯電話代を削減するアイデアを出したほうがよさそうだということにも気づくことができます。

このように、勘定科目はいくつもの要素が合算されてしまうと、何に使っている経費な

のかがあいまいになってしまい、どこから削減したらよいかが分かりにくくなってしまいます。これを分解して考えることによって、いくらの経費を何に使っているかがはっきり分かるようになるので、削減策が見つけやすくなるのです。

もちろん、物経費の削減を考える時に、勘定科目を細分化するための数は何も必ず3倍の科目数である必要はありません。4倍でも5倍でも、細かく分ければ分けるほど、削減できる経費が見つけやすくなるはずです。

一般的な物経費の勘定科目を細分化する例は以下の通りです。

運搬費▼梱包作業費、運送代
通信費▼固定電話代、携帯電話代、プロバイダー使用料、郵便費
接待交際費▼接待費、供応費、慰安費、贈答費
旅費交通費▼航空券代、電車代、タクシー代、宿泊費、日当
水道光熱費▼上下水道代、ガス代、電気代
新聞図書費▼新聞代、書籍代、雑誌代
賃借料▼事務所家賃、工場家賃、倉庫家賃、駐車場代、資材置き場使用料

保険料▼火災保険料、自動車保険料、生命保険料
支払手数料▼振込手数料、販売手数料、仲介手数料、顧問料
諸会費▼業界団体会費、商工会議所会費、自治会費

5 経営のメーターは「今」を映さなければ意味がない

第2章から前項まで、

- **売上を増やす**
- **変動費率**（原価率）**を下げる**
- **物経費を抑える**

という3つの方法でRPGを高めていけることをお伝えしました。

ところで、みなさんの会社では、その期の売上や利益の金額はいつ確定しますか？
法人税申告書の提出期限が期末の翌日から2カ月以内なので、たとえば3月決算の会社

では、決算書が5月下旬にできあがってくるという会社が多いと思います。
しかし、この時に初めて、前期の売上や粗利、営業利益の額を知ってRPGを計算するとしたら、それはちょっと遅すぎます。2カ月以上前のRPGを見ながら、今期の作戦を考えるということになってしまうからです。

自動車を運転する時に、スピードメーターが今のスピードではなく、2分前のスピードを指し示していたとしたら、自分が今適切なスピードで走っているかを判断することができません。アクセルを踏めばいいのかブレーキを踏めばいいのかも分からず、パニックになってしまうと思います。

会社を経営するのも同じことで、**メーターの数字はできるだけ「今」の経営状態を表していなければなりません。**

ですから、会社の売上や利益といった数値が、決算の度、1年に1回しか把握できていないという事態も避けるべきです。少なくとも四半期（3カ月）ごとに、できれば毎月月次決算をして売上、粗利、営業利益を把握することで、メーターが「今」の経営状態を指し示すことになります。

月次でリアルタイムに数値が分かるからこそ、「ちょっと売上が落ちてしまったな。よし、広告費を増やしてみよう」とか、「今月は電気代がかかりすぎてしまった。来月は省エネに努めよう」といった経営判断ができるのです。このような経営判断を毎月行っている会社と、1年に1回しか行っていない会社があったとしたら、どちらの会社がより適切なアクションをしているかは考えるまでもないですよね。

ちなみに、稲盛和夫氏は「売上も経費も月末できっちりと締め、実績結果は少なくとも翌月に入ってから1週間以内には出せるように」と教えています。それくらい、タイムリーな数値を把握することが大切だということです。

毎月の月次決算をすることのメリットは、タイムリーな経営判断ができることだけではありません。

たとえば、月ごとの物経費を分析すると、旅費交通費の中でも6月、9月、12月〜2月はタクシー代が多いこと、3月、4月、10月は宿泊費が多いことなどに気づくことができます。そして原因を分析すると、雨が多い6月、9月や、外を歩くのが寒くなる冬場はついタクシーでの移動が多くなっていたとか、年度の切り替え時期や半期ごとに注文が集中し、自宅が遠い社員が家に帰れずビジネスホテルに泊まっていることが判明したりします。

このような分析ができれば、タクシーを利用してもよい基準を作ったり、遅くまで残業しなくてもすむような人員配置をしたりすることによって、タクシー代や宿泊費といった物経費を削減できる可能性が出てきます。


理想をいえば、社内の経理にいわゆる管理会計を導入できるとよいでしょう。

多くの会社で会計というと、それは税務会計を意味し、その年の税額を計算するために売上や経費、利益の額を計上しています。

これに対し、**管理会計とは、会社が経営状態を把握しやすくするための会計をいいます。**

たとえば、6月と12月に社員にボーナスを支払う会社では、税務会計上は6月と12月に「賞与」の名目で経費が計上されるため、利益が減少します。その結果、毎年6月と12月だけ利益が少なく見えてしまいます。しかし、これは会社の実態を表していません。

そこで、管理会計上は、あらかじめ1年間で支払うことが見込まれるボーナスの額を12カ月に分けて計上するのです。こうすることで人経費が平準化されるので、毎月の会社の本当の利益額を把握することができるようになります。

あるいは、会社が15万円のパソコンを買った場合、中小企業の特例が適用できれば、税務会計上は購入した時に一括で経費が計上されます。しかし、その結果、この月だけ経費がかさみ、利益が少なく見えてしまいます。

そこで、このパソコンは3年は使うだろうと考えるならば、管理会計上は購入費を36等分して、36カ月にわたって毎月、経費計上するのです。こうすることで物経費が平準化され、毎月の本当の経営成績を把握しやすくなるのです。

Column 4

RPGは高ければ高いほどいいのか

どのくらいのRPGを目指せばいいのかという目標について、まずはRPG10%以上の健全企業を、**できればRPG20%以上の優良企業を目指してください**とお伝えしてきました。

RPGが低いまま売上を伸ばしていくのはとても危険です。

たとえば、ラーメン店チェーンを展開するA社とB社があったとします。

A社は、慎重に利益体質を作りながら店舗展開を進め、現在は10店舗、売上は1億円で粗利は7000万円ですが、営業利益を1400万円出すことができました（図47）。

一方のB社は、急速に多店舗展開を進め、現在100店舗、売上は10億円を達成し、粗利が7億円です。ただし、店舗展開のための設備投資で22億円の銀行借り入れがあり、営業利益は1400万円です（図48）。

図 47
A社

売上
1億円
変動費
3000万円
粗利
7000万円
固定費
5600万円
営業利益 1400万円

図 48
B社

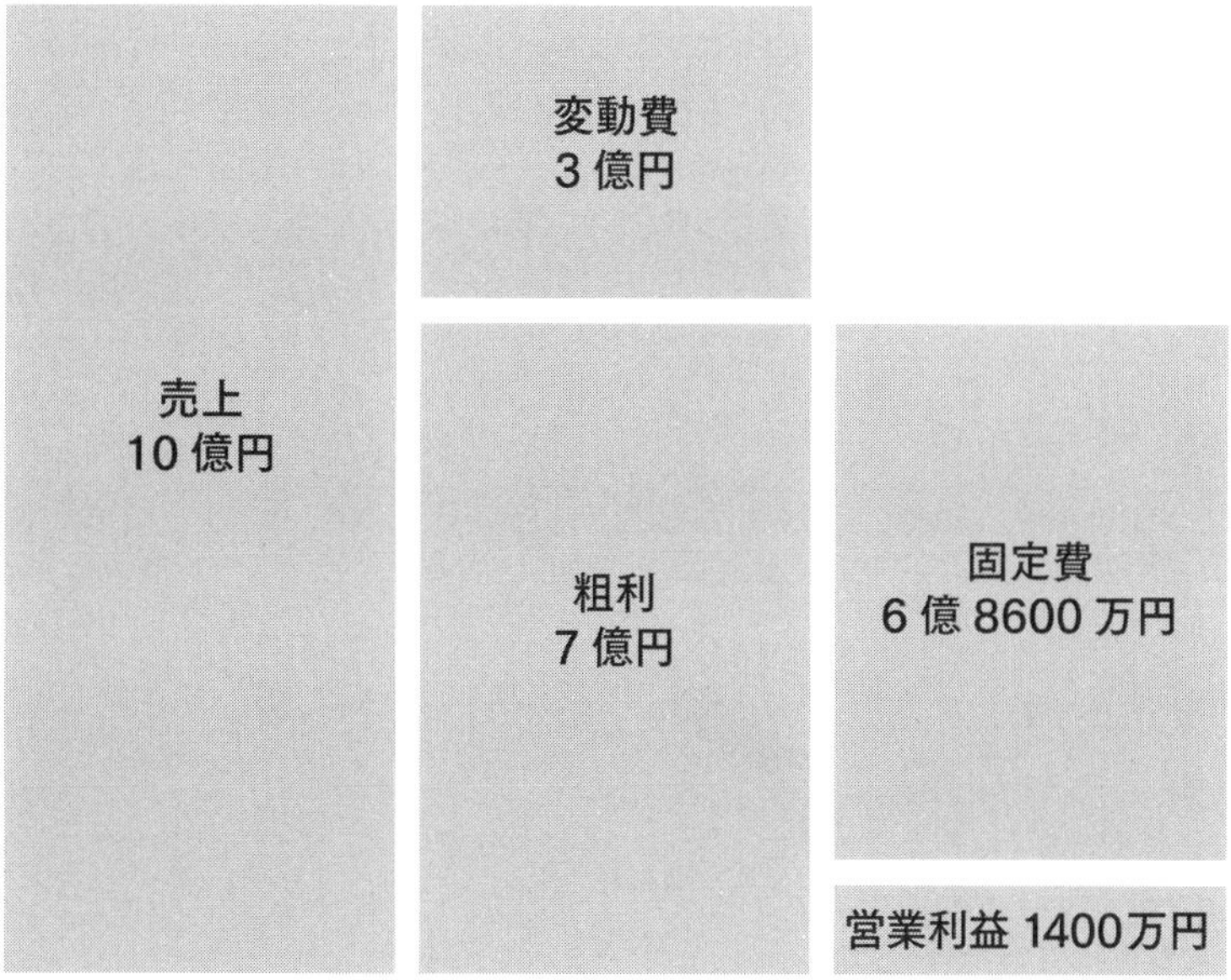
売上
10億円
変動費
3億円
粗利
7億円
固定費
6億8600万円
営業利益 1400万円

この2社で全国的に有名なのは圧倒的にB社です。しかし、ちょっとした流行の変化やライバルの出現によって、あっという間に苦境に陥る危険があるのもB社です。

このことは、2つの会社のRPGを比べてみれば分かります。

■A社のRPG

営業利益 1400万円 ÷ 粗利 7000万円 × 100 = 20%

■B社のRPG

営業利益 1400万円 ÷ 粗利 7億円 × 100 = 2%

B社は、わずかに2%売上を落としただけで赤字に陥ってしまうことが分かるのです。

では、RPGは高ければ高いほどよいのかというと、必ずしもそうとは言い切れません。
　会社の規模や歴史、内部留保や自己資本の状態にもよりますが、会社の成長を優先する企業であればＲＰＧ20％、会社の安全性を優先する会社でもＲＰＧ30％を維持できていれば、それ以上のお金を会社に貯め込む必要はありません。社員の採用や研究開発、広告の活用といった未来投資にお金を使うことで、さらに会社の成長を加速させることができます。

第4章

第5章

ＲＰＧを高めるための
ＰＤＣＡの回し方

1 まずは、正確な会社の現在地を確認する

会社のRPGを高めていくためには、毎年、売上や経費について挑戦的な目標と、これを実行するための計画を立てていく必要があります。また、計算通りに計画が進行しているかをチェックし、うまくいっていない時には追加のアクションプランや改善案を考えなければなりません。

本章では、会社が毎年RPGを高めていくための方法を、「RPG経営勉強会」で配布しているワークシートをすべて公開してお伝えしていきます。また、実際のシートは無料でダウンロードできます（https://dl.mirai-consul.jp）。読者限定の無料経営相談窓口も設けましたので、ぜひご利用ください。

まず大切なのは、会社の現在地の確認です。会社のRPGが高い時は、未来投資を増やして会社を成長させる計画を考えるべきですし、会社のRPGが低い時は、原価率や物経費の低減を考えなければなりません。

そこで、**毎年、その期の決算が確定したら、その年のＲＰＧを計算してください。**ポイントは、１期分だけを計算するのではなく、必ず３期分のＲＰＧを計算することです。３期分のＲＰＧを比較することで、会社の経営が上向いているのか、それとも下降線をたどってしまっているのかがすぐに分かります（図49）。

また、この時、お手元に損益計算書だけでなく、３期分の貸借対照表も用意してください。

貸借対照表というのは、損益計算書に比べるととても複雑な構造をしていて、それぞれの数字が何を意味するかとか、どこの部分に注目して読むべきかが分かりにくいと思います（私自身もなかなか理解できませんでした）。

しかし、貸借対照表の隅々まで理解する必要はありません。まずは基本的なことだけ押さえておきましょう。

第5章

図 49

DL可

RPG経営勉強会【セクション 1-1】

RPG算出シート

未来創造グループ

会社名 ______ 記入日 ______

______年（直近期）

①売上高 ______円
※損益計算書の「売上高」を記入

②変動費 ______円
※損益計算書の「売上原価」を記入

③粗利（①−②） ______円
※損益計算書の「売上総利益」を記入

④固定費（⑦+⑧+⑨） ______円
※損益計算書の「販売費及び一般管理費」を記入

⑦「人」経費 ______円
⑧ 未来投資 ______円
⑨「物」経費 ______円

⑤営業利益（③−④） ______円
※損益計算書の「営業利益」を記入

⑥ RPG（対粗利利益率）⑤÷③× 100 = ______%

RPG 20%以上を目指そう！

30% 以上★★★★ エクセレントカンパニー（素晴らしい経営）
20～29%★★★ 優良企業（多少のゆとり）
10～19%★★ 健全（未来が見える）
1～9%★ とんとん（油断できない）
0%未満 赤字（社長交代危機）

______年（直近期）

①売上高 ______円
※損益計算書の「売上高」を記入

②変動費 ______円
※損益計算書の「売上原価」を記入

③粗利（①−②） ______円
※損益計算書の「売上総利益」を記入

④固定費（⑦+⑧+⑨） ______円
※損益計算書の「販売費及び一般管理費」を記入

⑦「人」経費 ______円
⑧ 未来投資 ______円
⑨「物」経費 ______円

⑤営業利益（③−④） ______円
※損益計算書の「営業利益」を記入

⑥ RPG（対粗利利益率）⑤÷③× 100 = ______%

RPG 20%以上を目指そう！

30% 以上★★★★ エクセレントカンパニー（素晴らしい経営）
20～29%★★★ 優良企業（多少のゆとり）
10～19%★★ 健全（未来が見える）
1～9%★ とんとん（油断できない）
0%未満 赤字（社長交代危機）

______年（直近期）

①売上高 ______円
※損益計算書の「売上高」を記入

②変動費 ______円
※損益計算書の「売上原価」を記入

③粗利（①−②） ______円
※損益計算書の「売上総利益」を記入

④固定費（⑦+⑧+⑨） ______円
※損益計算書の「販売費及び一般管理費」を記入

⑦「人」経費 ______円
⑧ 未来投資 ______円
⑨「物」経費 ______円

⑤営業利益（③−④） ______円
※損益計算書の「営業利益」を記入

⑥ RPG（対粗利利益率）⑤÷③× 100 = ______%

RPG 20%以上を目指そう！

30% 以上★★★★ エクセレントカンパニー（素晴らしい経営）
20～29%★★★ 優良企業（多少のゆとり）
10～19%★★ 健全（未来が見える）
1～9%★ とんとん（油断できない）
0%未満 赤字（社長交代危機）

図 50

貸借対照表
（　　　年　月　日現在）
（単位：円）

科目	金額	科目	金額
（資産の部）		（負債の部）	
流動資産	**16,657,000**	**流動負債**	**22,163,000**
現金及び預金	1,037,000	支払手形	1,160,000
受取手形	3,376,000	買掛金	2,742,000
売掛金	5,429,000	短期借入金	10,000,000
有価証券	800,000	未払金	600,000
商品及び製品	2,582,000	未払費用	2,500,000
仕掛品	1,430,000	未払法人税等	3,521,000
原材料及び貯蔵品	980,000	預り金	1,640,000
前払費用	200,000	**固定負債**	**66,343,000**
未収入金	500,000	長期借入金	35,300,000
その他	563,000	リース債務	3,200,000
貸倒引当金	△ 240,000	退職給付引当金	27,843,000
固定資産	**114,597,000**		
有形固定資産	**109,297,000**		
建物	14,765,000		
構築物	2,500,000		
機械装置	13,515,000	**負債合計**	**88,506,000**
車両運搬具	3,500,000		
工具器具備品	345,000	（純資産の部）	
土地	72,000,000	**株主資本**	**42,748,000**
リース資産	2,672,000	資本金	**10,000,000**
無形固定資産	**1,300,000**	資本剰余金	**10,000,000**
ソフトウェア	1,300,000	資本準備金	10,000,000
投資その他の資産	**4,000,000**	利益剰余金	**22,748,000**
投資有価証券	2,800,000	利益準備金	5,000,000
関係会社株式	1,000,000	その他利益剰余金	17,748,000
長期貸付金	500,000	繰越利益剰余金	17,748,000
貸倒引当金	△ 300,000	**純資産合計**	**42,748,000**
資産合計	**131,254,000**	**負債・純資産合計**	**131,254,000**

流動資産
※すぐにお金に換えられる資産

固定資産
※すぐにお金に換えられない資産

流動負債
※すぐに払わなければならない債務

固定負債
※いずれ払わなければならない債務

純資産
※支払わなくてよいもの

主に5つのグループに分けられる

■貸借対照表を見る時のポイント

貸借対照表とは、会社の資産や負債がどのような状態にあるかを表したものです。損益計算書が**「その年1年分の会社の成績表」**だとしたら、貸借対照表は**「その会社が設立されてから現在までの会社の成績表」**だと考えてください。創業30年の会社であれば、30年分の歴史が積み重なった成績表だということです。

貸借対照表は、「流動資産」「固定資産」「流動負債」「固定負債」「純資産」の大きく5つに区分けされています（図50）。

左側（借方といいます）は会社にど

のような資産があるか、右側（貸方といいます）は、その資産を取得するためのお金をどのように調達したか（借金か、株主からの投資か）を意味しますので、必ず左側の合計金額と右側の合計金額は一致します。

●流動資産（図51の左上）

現金や預金、売掛金や有価証券といった**「すぐにお金に換えられる資産」**です。いざという時すぐに現金化できますので、**多ければ多いほど安心**といえます。

●固定資産（図51の左下）

土地や建物、機械設備といった**「すぐにはお金に換えられない資産」**です。キャッシュが必要な時にすぐにお金に変わりませんので、いざという時には頼れない資産になります。

●流動負債（図51の右上）

買掛金や短期借入金のような**「すぐに支払わなければならない債務」**です。**少なければ少ないほど安心**になります。

●固定負債（図51の右中央）

長期借入金や退職給付引当金のように**「いずれ払わなければならない債務」**です。これらも少ないに越したことはありません。

図 51

左は「逆三角形」、右は「三角形」が安心

貸借対照表
（　　　年　　月　　日現在）
（単位：円）

科目	金額	科目	金額
（資産の部）		（負債の部）	
流動資産	**16,657,000**	流動負債	**22,163,000**
現金及び預金	1,037,000	支払手形	1,160,000
受取手形	3,376,000	買掛金	2,742,000
売掛金	5,429,000	短期借入金	10,000,000
有価証券	800,000	未払金	600,000
商品及び製品	2,582,000	未払費用	2,500,000
仕掛品	1,430,000	未払法人税等	3,521,000
原材料及び貯蔵品	980,000	預り金	1,640,000
前払費用	200,000	固定負債	**66,343,000**
未収入金	500,000	長期借入金	35,300,000
その他	563,000	リース債務	3,200,000
貸倒引当金	△ 240,000	退職給付引当金	27,843,000
固定資産	**114,597,000**		
有形固定資産	**109,297,000**		
建物	14,765,000		
構築物	2,500,000		
機械装置	13,515,000	**負債合計**	**88,506,000**
車両運搬具	3,500,000		
工具器具備品	345,000	（純資産の部）	
土地	72,000,000	株主資本	**42,748,000**
リース資産	2,672,000	資本金	**10,000,000**
無形固定資産	**1,300,000**	資本剰余金	**10,000,000**
ソフトウェア	1,300,000	資本準備金	10,000,000
投資その他の資産	**4,000,000**	利益剰余金	**22,748,000**
投資有価証券	2,800,000	利益準備金	5,000,000
関係会社株式	1,000,000	その他利益剰余金	17,748,000
長期貸付金	500,000	繰越利益剰余金	17,748,000
貸倒引当金	△ 300,000	**純資産合計**	**42,748,000**
資産合計	131,254,000	**負債・純資産合計**	131,254,000

流動資産
※すぐにお金に換えられる資産

固定資産
※すぐにお金に換えられない資産

流動負債
※すぐに払わなければならない債務

固定負債
※いずれ払わなければならない債務

純資産
※支払わなくてよいもの

主に5つのグループに分けられる

●純資産（図51の右下）

「返済義務がないので支払わなくてもよいもの」という意味で、資本金や利益剰余金がこれにあたります。**多ければ多いほど安心**ということになります。

このように、貸借対照表は、左側は上の項目ほどすぐにお金に換えられる（流動性が高いといいます）ので上の項目の金額が多ければ多いほどいい、**逆三角形の状態になっていることが理想**です。

一方、右側は、下の項目ほど

返済の必要性が薄まっていきますので、下の項目の金額が多いほうがいい、**三角形の状態になっていることが理想**となります（図51）。

貸借対照表から会社の安全性を判定するために一番参考にしたい指標は**「自己資本比率」**です。右下の「純資産の合計額」を左側の「資産合計」（右側の負債・純資産合計でも同じです）で割った数値（図52のE）になります。

自己資本比率（％）＝純資産合計額÷資産合計額×100

自己資本比率が高いほど、返済の必要のないお金で調達した資産が多いことになりますので安全な会社であるといえます。なお、「自己資本比率は何％あれば安心ですか？」という質問を受けることもありますが、これは会社の歴史や業種によって異なってくるので一概には言えません。

そもそも、貸借対照表は、会社が設立されてから現在までの歴史の積み重ねに対する成績表なので、これまで苦しい経営をしてきた会社が1年くらいいい経営をしても、すぐに自己資本比率がV字回復することはありません。ですから、**自己資本比率の善悪は単年度**

DL可

図 52

RPG経営勉強会【セクション1－3】

安全性判定シート

未来創造グループ

会社名　　　　記入日

＿＿＿＿＿年（直近期）

① 流動資産
※いざというとき、すぐにお金に変わるもの
円

A 流動資産割合
①÷③×100
＿＿＿％
※前年より増えていると良い

② 固定資産
※すぐにはお金に変わらないもの
円

B 固定資産割合
②÷③×100
＿＿＿％
※前年より減っていると良い

③ 資産合計（①+②）
円

※資産、特に固定資産をなるべく増やさない状態で、多くの利益を生み出せるのが理想です。

④ 流動負債
※すぐに払わなければいけないもの
円

C 流動負債割合
④÷⑦×100
＿＿＿％
※前年より減っていると良い

F 流動比率
①÷④×100
＿＿＿％
※前年より増えていると良い

⑤ 固定負債
※いずれは払わなければいけないもの
円

D 固定負債割合
⑤÷⑦×100
＿＿＿％

⑥ 純資産
※返済の必要がないもの
円

E 自己資本比率
⑥÷⑦×100
＿＿＿％
※前年より増えていると良い

⑦ 負債・純資産合計（④+⑤+⑥）
円

※③と⑦は同じ金額になる

会社の安全性
☑チェックポイント
□Aが前年より増えた
□Eが前年より増えた（最低でも20%以上を）
□Fが前年より増えた（120%以上を目標）

＿＿＿＿＿年（前の期）

① 流動資産
※いざというとき、すぐにお金に変わるもの
円

A 流動資産割合
①÷③×100
＿＿＿％
※前年より増えていると良い

② 固定資産
※すぐにはお金に変わらないもの
円

B 固定資産割合
②÷③×100
＿＿＿％
※前年より減っていると良い

③ 資産合計（①+②）
円

※資産、特に固定資産をなるべく増やさない状態で、多くの利益を生み出せるのが理想です。

④ 流動負債
※すぐに払わなければいけないもの
円

C 流動負債割合
④÷⑦×100
＿＿＿％
※前年より減っていると良い

F 流動比率
①÷④×100
＿＿＿％
※前年より増えていると良い

⑤ 固定負債
※いずれは払わなければいけないもの
円

D 固定負債割合
⑤÷⑦×100
＿＿＿％

⑥ 純資産
※返済の必要がないもの
円

E 自己資本比率
⑥÷⑦×100
＿＿＿％
※前年より増えていると良い

⑦ 負債・純資産合計（④+⑤+⑥）
円

※③と⑦は同じ金額になる

会社の安全性
☑チェックポイント
□Aが前年より増えた
□Eが前年より増えた（最低でも20%以上を）
□Fが前年より増えた（120%以上を目標）

＿＿＿＿＿年（その前の期）

① 流動資産
※いざというとき、すぐにお金に変わるもの
円

A 流動資産割合
①÷③×100
＿＿＿％
※前年より増えていると良い

② 固定資産
※すぐにはお金に変わらないもの
円

B 固定資産割合
②÷③×100
＿＿＿％
※前年より減っていると良い

③ 資産合計（①+②）
円

※資産、特に固定資産をなるべく増やさない状態で、多くの利益を生み出せるのが理想です。

④ 流動負債
※すぐに払わなければいけないもの
円

C 流動負債割合
④÷⑦×100
＿＿＿％
※前年より減っていると良い

F 流動比率
①÷④×100
＿＿＿％
※前年より増えていると良い

⑤ 固定負債
※いずれは払わなければいけないもの
円

D 固定負債割合
⑤÷⑦×100
＿＿＿％

⑥ 純資産
※返済の必要がないもの
円

E 自己資本比率
⑥÷⑦×100
＿＿＿％
※前年より増えていると良い

⑦ 負債・純資産合計（④+⑤+⑥）
円

※③と⑦は同じ金額になる

会社の安全性
☑チェックポイント
□Aが前年より増えた
□Eが前年より増えた（最低でも20%以上を）
□Fが前年より増えた（120%以上を目標）

で評価するのではなく、毎年着実に改善しているかを気にしてください。

貸借対照表からもう1つ、経営指標を気にするとしたら**流動比率**でしょう。「流動資産」を「流動負債」で割った数値です（図52のF）

流動比率（％）＝流動資産÷流動負債×100

目先の負債を手元の資産で支払う能力を意味し、高ければ高いほど安心になります。もっとも、自己資本比率も流動比率も、RPGを高めていけば自然と高まっていくはずですから、まずはRPGを高めることだけに集中するのがよいでしょう。

2 毎年1回、3年ビジョンを作成する

会社を成長させるためには、目先の計画だけでなく、少し長期的な視点から取り組むべ

図 53

DL可

RPG経営勉強会【セクション2】

3年ビジョンシート

未来創造グループ

会社名	
記入日	

年度	年	年	年（今期）	年（来期）	年	年
社長の年齢	歳	歳	歳	歳	歳	歳
	実績		見込み	計画		
売上						
変動費（原価）						
粗利						
固定費（販管費）						
営業利益						
RPG	%	%	%	%	%	%
従業員数						

	実行したこと			実行すること		
具体的な戦略						

解決すべき課題	・ ・ ・ ・ ・

き課題の抽出や目標設定を行うことが必要となってきます。新商品や新サービスの開発、売上増に対応した人員や設備の増強計画などは、単年度の計画だけでは考えることができません。

経営に長期的な視点がなく、その場しのぎのアクションばかりを繰り返していると、商品の陳腐化やサービスのコモディティ化から競争力を失い、ニーズの移り変わりについて行けずに市場から淘汰されてしまいかねません。

そこで私は、3年ビジョンシート（図53）を使い、**毎年1回、必ず中期経営計画を作成することをおすすめしています。**

①数値目標の設定

3年ビジョンシートには過去3年の売上やRPG、従業員数といった実績数値を記入するとともに、今後3年間の売上や営業利益、従業員数の計画数値を考えて記入していきます。また、3年ビジョンを社長自らが考えている場合には、社長の年齢も併せて記入するとよいでしょう。年齢を書き入れると自然と「経営者としての時間は有限である」と認識できますので、計画を先送りしない、チャレンジングなビジョンを考えることができます。

そして、3年ビジョンを作成する時のポイントは、なんといっても「ポジティブ思考」です。稲盛和夫氏は、目標を上手に設定し、達成するためには**「楽観的に構想し、悲観的に計画し、楽観的に実行する」**ことが必要だと言っています。

3年ビジョンはいわば構想段階ですから、頑張ればどんなことでも成し遂げられると自らの可能性を信じ、楽観的に考えてください。

「苦労するのは嫌だな」「未達で恥ずかしい思いをしたくない」などと考えて、つい「そこそこの努力で達成できそうな数字」を目標にしてしまう人がいます。一見すると、高い目標よりも手頃な目標を設定したほうが達成確率が高まるように思いますが、実は逆なのです。

なぜなら、**人間の脳には、「自分が本当にやりたいことしか頑張らない」とインプットされている、人はやりたいことしかできない生き物だから**です。ワクワクするような目標を立てれば、ちょっと苦しくなった時や、うまくいかない時にも踏ん張ることができるのです。

このことを私は、**「目標は、できる数字でなく、やりたい数字で設定する」**と呼んでいます。

②戦略目標の設定

売上や利益など、3年ビジョンの数値設定ができたら、今度はその目標を達成するための戦略を記入していきます。「新規店舗を5店舗オープンする」「営業社員を5人採用する」「新商品を開発し、販売開始する」など、その年度の計画を達成するために必要と思うことを思いつくままに書き込んでください。

この時も、これからやるべきことだけでなく、これまでやってきたことも実績欄に書き込んでいくとよいでしょう。これからやることだけでなく、これまでに苦労しながらも実

図 54

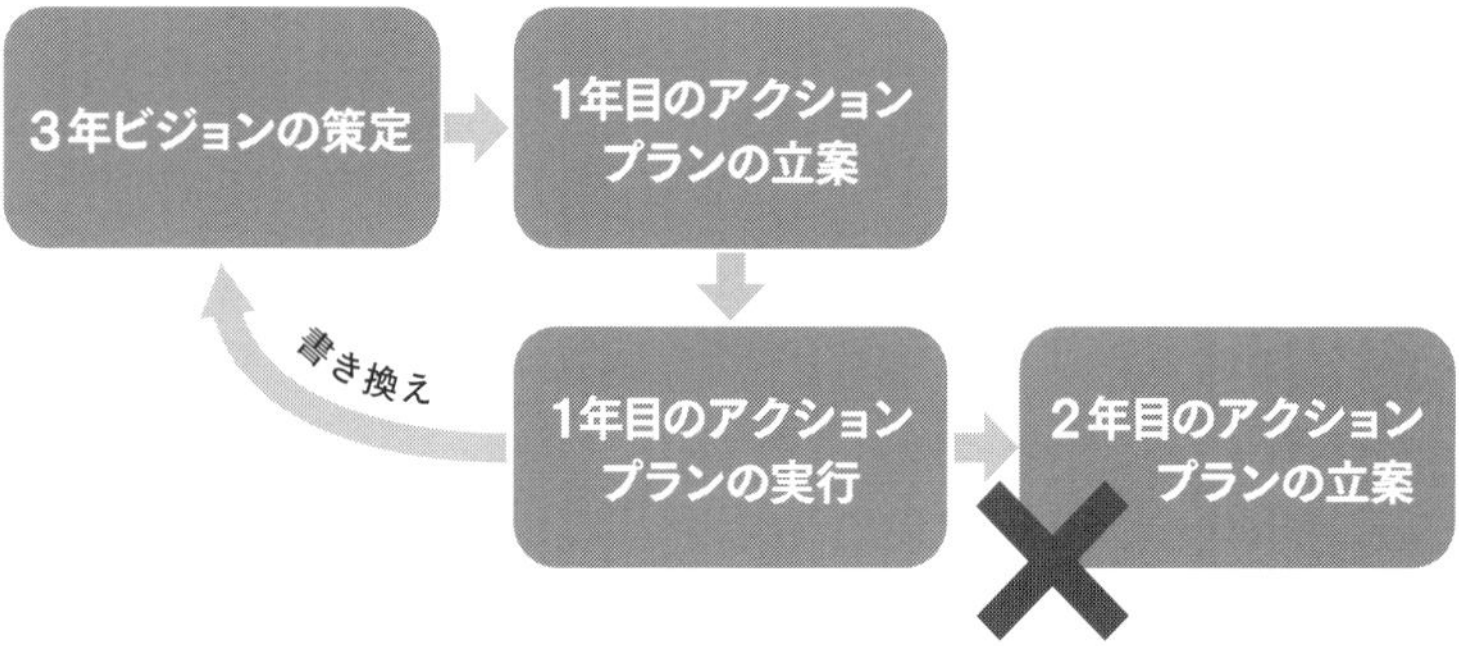

行してきたことを思い返すことで、これからもやればできる、頑張れるということを確認することができます。

③課題の洗い出し

最後に、立てた戦略を実現するために解決すべき課題を抽出して書き込みます。「好立地の空き物件を探してくれる不動産業者の開拓」「売れる営業社員の教育法」「新商品のマーケティング手法の確立」といった課題が出てきます。この課題を文字にしておくと、**これからやるべきことが頭の中（潜在意識）に刷り込まれ、必要な情報をキャッチできたり、いいアイデアが浮かんだり、手助けしてくれる人に出会える確率が高まるのです。**

このようにして、3年ビジョンシートが完成したら、次は、その1年目の目標を達成するためのアクションプランを立案することになります。しかし、**3年ビジョンシートは3年に1回作成すればいいのではなく、毎年作らなければなりません**（図54）。

3年ビジョンのような中期経営計画を立てると、1年目の計画が実現しても未達に終わっても、次は2年目の計画を実行しようと考える会社があります。しかし、このように考えると、年々、計画の数値と会社の実態がかけ離れていき、ついには「こんな計画は実現するはずがない」と達成への情熱が湧かない事態に陥る危険性があります。

そのようなことになっては、長期ビジョンを作ったことがかえってマイナスになりかねません。会社の成長を考えるために長期の視点は必要ですが、計画と実態がかけ離れないよう、**1年目の計画が達成されても未達でも、毎年3年ビジョンを書き換えていくことが、最短距離で会社を成長させていく秘訣になるのです**。

3 来期予算とアクションプランの作り方

翌期が始まる前には、次の期の予算とこれを達成するためのアクションプラン（実行計画）を作成します。上手に予算を作れるかどうかの積み重ねが会社の成長角度を決めているといっても過言ではありません。

上手に予算とアクションプランを作り、RPGを高めていくために発案したのが、「RPG経営勉強会」の目標達成アクションシートです（図55）。

①来期の売上必達目標
②来期の目標利益額（営業利益）
③来期の目標RPG

を決めて記入すると、あとは自然と、

④来期の必要粗利額＝②÷③
⑤来期の変動費（売上原価）**＝①－④**
⑥来期の固定費（販管費）**＝④－②**

が計算されるようにできています。

予算の作り方については、

図 55

DL可

RPG経営勉強会【セクション3】

目標達成アクションシート

未来創造グループ

会社名		記入日	

①来期の売上必達目標

円

【売上の具体的な内訳】
※商品・サービス別、部門別、顧客別などに分解

【売上を増やす具体的な戦略】
㈷商品販売のためのネット広告、新規顧客開拓のためのセミナーを10回開催、など。

【売上を増やす具体的なアクションプラン】
①誰が（責任者）②いつまでに（期限）
③何をする（メジャラブルなアクションプラン）を決める。

②来期の目標利益額

円

③来期の目標RPG

%

- 30%以上★★★★ エクセレントカンパニー（素晴らしい経営）
- 20～29%★★★ 優良企業（多少のゆとり）
- 10～19%★★ 健全（未来が見える）
- 1～9%★ とんとん（油断できない）
- 0%未満　赤字（社長交代危機）

RPG 20%以上を目指そう！

④来期の必要粗利額(②÷③)

円

⑤来期の変動費（売上原価）(①−④)

円

【変動費（原価）を減らす具体的な戦略】
※「材料費」「仕入れ」「外注費」などがこれにあたります。

【変動費（原価）を減らす具体的なアクションプラン】
①誰が（責任者）②いつまでに（期限）
③何をする（メジャラブルなアクションプラン）を決める。

⑥来期の固定費（販管費）(④−②)

円

⑥のうち「人」経費

円

※「幸せの源泉」となるものでできるだけ削減してはいけないものです。

⑥のうち未来投資

円

※会社の未来のための投資でこれを削りすぎると先細りしてしまいます。

⑥のうち「物」経費

円

※顧客満足が低下しない限度で徹底的に削減します。

【戦略的に抑制すべき「物」経費】
※「家賃」「水道光熱費」「減価償却費」「旅費交通費」「接待交際費」「通信費」「消耗品費」「リース料」「保険料」「顧問料」「租税公課」などがこれにあたります。

【「物」経費を抑制する具体的な戦略】

【「物」経費を抑制する具体的なアクションプラン】
①誰が（責任者）②いつまでに（期限）
③何をする（メジャラブルなアクションプラン）を決める。

【未来投資に対する来期の方針】
※「研究開発費」「採用費」「教育研修費」「広告宣伝費」などがこれにあたります。

【未来投資に関する具体的な戦略】

【未来投資に対する具体的なアクションプラン】
①誰が（責任者）②いつまでに（期限）
③何をする（メジャラブルなアクションプラン）を決める。

第5章

Ⓐ最初に必要利益額（借入金の返済額から減価償却費以上の最終利益が出るように計算するのが一般的です）**を決め、そこから逆算する方法**

Ⓑ「できるだけ多くの売上をあげる施策」と「できるだけ経費を抑える施策」を考える方法

の2通りが考えられます。

借入が多くキャッシュフローが厳しい会社などは本来、Ⓐの考え方をするとよいのですが、思考回路が複雑になりますので、会社が小さいうちや慣れないうちはシンプルなⒷの考え方をベースに予算とアクションプランを作ればよいと思います。

稲盛和夫氏も、経営の基本は**「売上最大、経費最小」**というシンプルな考えにあるといいます。利益は結果として出てくるものに過ぎないので、原材料費は総生産の何％でなければならないとか、販促費はこれくらい必要だろうといった常識や固定観念にとらわれてはいけないという話はとても参考になります。

ですから、目標達成アクションシートを記入するにあたっても、「いくらの売上を達成するか」「経費をいくらに抑えるか」といった目標数値よりも、「売上をあげるために何をするか」「経費を抑えるために何をするか」といった**アクションプランの設定を重視しています。**

「結果は選べない、行動は選べる」というように、やると決めたアクションプランはサボらない限り必ず実行することができますが、その結果、目標通りの数値に達するかは、お客様の考え、環境、ライバルの動き、運などの要素に左右されるのでコントロールすることができないのです。たとえば、「新聞に広告を出稿して1000万円分の商品を売る」という計画のうち、広告の出稿は行動ですから、やれば必ずできますが、1000万円分の商品が売れるかどうかは、やってみなければ分からないということです。

そして、それぞれの目標を達成するためのアクションプランは、必ず**「①社内の誰が責任者なのか」「②何をするのか」「③いつまでにするのか」**の3つをセットで決めることが必要です。

①を決めないと担当者が当事者意識を持ってくれません。

②のアクションプランは、やったかやらないかがはっきりする検証可能《メジャラブル》なものである必要があります。アクションプランが「新商品のアイデアを練る」では、いつアクションが完了したかが検証できないため、「新商品の販売を役員会で通す」といった内容にしてく

ださい。

③の期限も大切です。期限のない「いずれやる」というアクションプランは、必ず後回しにされ、結局、実行されることがないからです。

この目標達成アクションシートのすべての欄を1つずつ真剣に考えて記入すると、結果としてRPGを最大限に高めるアクションを考え抜くことにつながります。

RPGを高める方法は、「売上を増やす」「変動費率を下げる」「物経費を抑える」の3つしかないところ、このシートでこの3つの要素について戦略とアクションプランを網羅的に考えられるからです。

なお、目標を達成するためには、いつ予算を作成するかという「時期」も大切です。前期の数字が出た後、半年も経ってから決算を振り返ったり、今期がスタートして3カ月も経過してから目標を決めたりしても、よいアクションプランは作れるはずがありません。

RPG経営勉強会では、

図 56

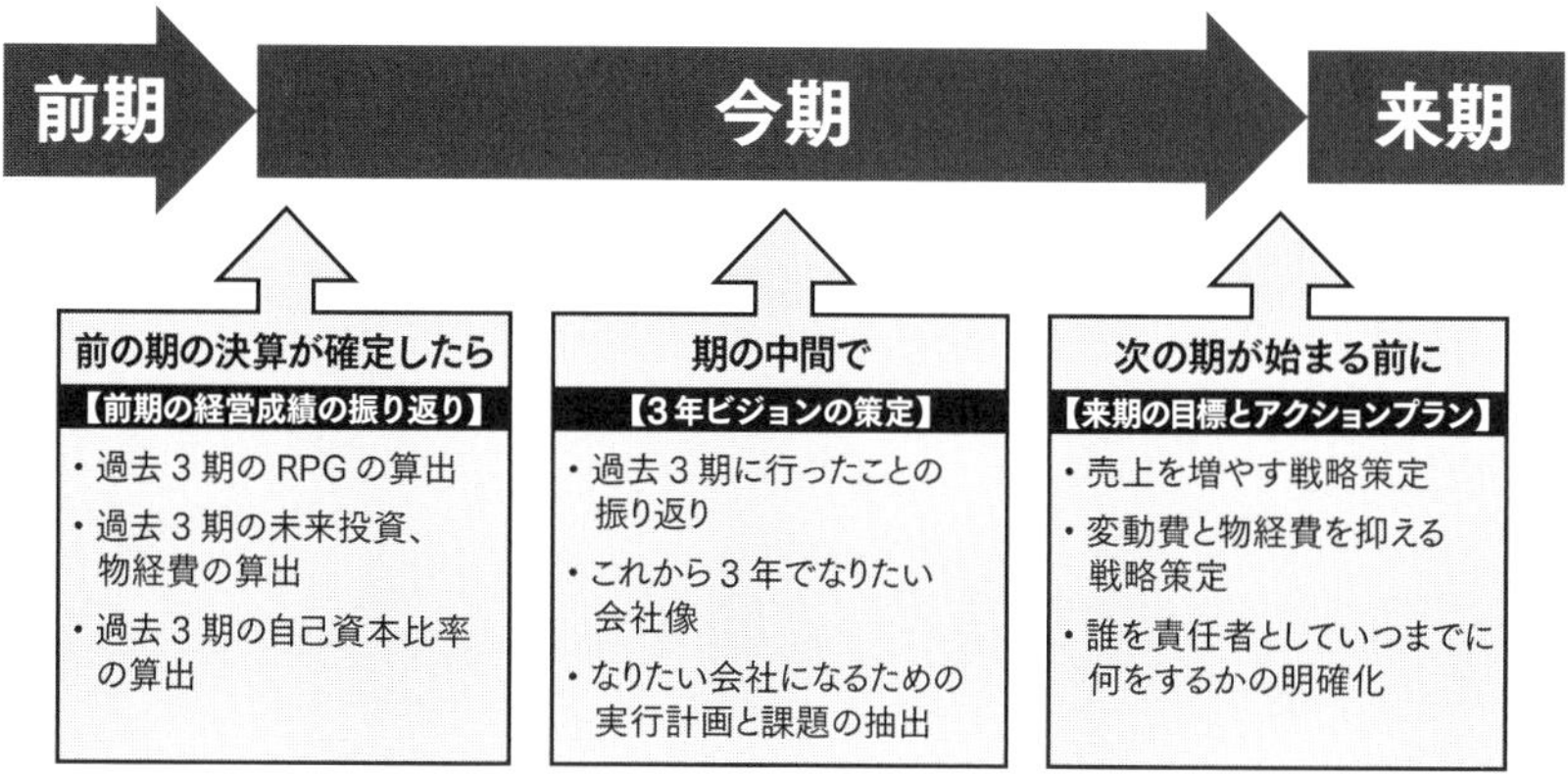
前期
今期
来期
前の期の決算が確定したら
【前期の経営成績の振り返り】
・過去３期のRPGの算出
・過去３期の未来投資、物経費の算出
・過去３期の自己資本比率の算出
期の中間で
【3年ビジョンの策定】
・過去３期に行ったことの振り返り
・これから３年でなりたい会社像
・なりたい会社になるための実行計画と課題の抽出
次の期が始まる前に
【来期の目標とアクションプラン】
・売上を増やす戦略策定
・変動費と物経費を抑える戦略策定
・誰を責任者としていつまでに何をするかの明確化

▼前の期の決算が確定したら【前期の経営成績の振り返り】（ＲＰＧ算出シート、安全性判定シート）

▼期の中間で【３年ビジョンの策定】（３年ビジョンシート）

▼次の期が始まる前に【来期の目標とアクションプラン作り】（目標達成アクションシート）

というタイミングを大切にして計画を考えていただいています（図56）。

たとえば、３月決算の会社であれば、６月に振り返り、10月に３年ビジョン、２月に翌期の目標作り、といったイメージです。

4 PDCAサイクルは「公言」することとチェックする「人」が大切

予算とアクションプランを決めたら、あとはこれを実行するだけ。淡々とゴールに向かって歩みを進め、期末を迎えて目標達成となればいいのですが、現実はそれほど甘くはありません。

思ったように実行できないことや、考えていたような結果が出ないことが必ず起きます。そのような時に、うまくいかない原因を突き止めて改善策を考える手法を**「Plan（計画）→Do（実行）→Check（評価）→Action（改善）」**の4段階を繰り返すことから**PDCAサイクル**と呼びます。

いつも目標を達成する人というのは、頭のいいアイデアマン、つまりPlan（計画）が上手な人と思われがちですが、そうではありません。**達成上手は例外なくPDCAサイクルを「速く」「たくさん」回している人です。**野球に例えると、打率より打席数にこだわり、失敗する度に修正を加えていくようなタイプの人です。このような人たちは、**成功の反対**

図 57

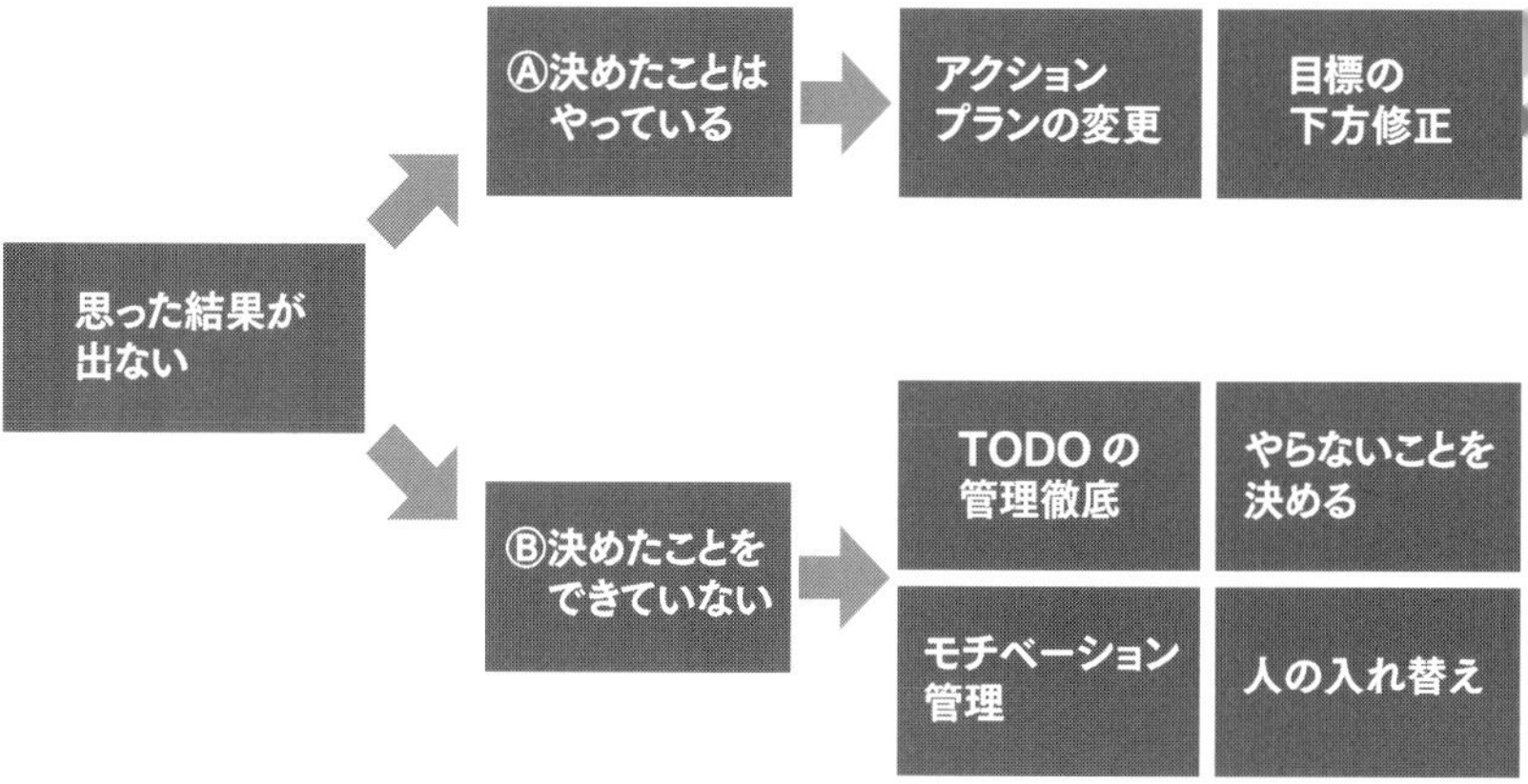

は失敗ではなく、「行動しないこと」であると分かっています。考える量ではなく、行動量を増やして正解に近づいていきます。

ＰＤＣＡサイクルを回していく時に特に大切なのが、どのようなCheck（評価）をするかだと思います。

実は、思ったように計画が進まない原因は2種類しかありません。

Ⓐアクションプランで決めたことは実行したけど、思っていた結果が出なかった

Ⓑアクションプランで決めた行動ができなかった

のどちらかです（図57）。

■Ⓐの原因分析

「このようにやれば」→「このような結果が出る」という想定（予想）が外れたわけですから、**アクションプランを改善、変更する**必要があります。

たとえば、歯科医院で「毎月5万円の予算でリスティング広告を出せば」→「毎月10人の新しい患者さんが来院する」という想定をしていたのに、実際は3人しか新規の患者さんに来てもらえなかったとします。このような場合に、「予算を15万円に増額する」「広告文やホームページのデザインを変更する」「広告をリスティングから地域の折り込みチラシに変更する」といった変更がアクションプランの改善例です。もちろん、この改善策が成功するかどうかは、実行してみなければ分かりません。

いろいろな改善策を試してみても、どうしても5人以上の新規患者を獲得できないような場合には、そもそも「10人の新規患者を獲得する」という目標設定自体が高すぎたということです。この場合には「毎月5人の新規患者を獲得する」というように、**目標自体を下方修正**した上で、残りの期間にアクションを続けていきましょう。

■Ⓑの原因分析

決めた行動ができなかった原因として考えられるのは、

- **忙しすぎて他のことを優先してしまった**
- **どうしてもやる気になれない**

などです。

部下がアクションプランを実行していない場合には、上司によるＴｏＤｏ管理を徹底すること、**やらなければいけないことが多すぎる場合には「やらないこと、やめることも同時に決める」**を意識すれば解決する場合があります。

モチベーションが下がって、どうしても行動を起こしにくい精神状態の場合には、**「目標を設定した時のワクワク感を思い出す」「達成した時に喜ぶ人の顔を思い浮かべる」「いつも達成している人の話を聞く」**といった方法が有効です。

苦手なことを担当させられているメンバーがいる時は、**担当を入れ替える**方法もあります。資料を作成するのは苦手だけど、お客様と商談をするのは大好きだという営業部員がいたとしたら、資料作成は他の人に任せて、その社員にはお客様回りだけに集中できる環境を与えてあげるとよいでしょう。

ところで、「このPDCAサイクルは、どのくらいの頻度で回していくのがいいのですか？」と質問を受けることがあります。これはPlan（計画）の内容によるので一概には言えないのですが、**少なくとも2カ月に1度くらいは、アクションプランを見返す機会を作る**ことをおすすめしています。

未来創造コンサルティングの目標達成勉強会では、2カ月に1回、有言実行シート（図58）を使ってお客様のPDCAを回しています。

ポイントは、**自らのアクションプランを公言すること**です。

特に**社長は、普段会社の中に、自分の行動をチェックする人がいません**。また、計画通りの行動をしていなくてもそれを指摘する人がいないことが多いでしょう。しかし、この状態はよくありません。

この目標達成勉強会では、必ず参加者全員が、次回の勉強会までに実行することを「宣言」します。そして、2カ月後に開催される次の勉強会では、そのアクションを実行したかどうかを発表します。

このように、社長が宣言したことを実行したか、参加者同士でチェックし合うことで、

DL可

図 58

目標達成勉強会 アクションプラン有言実行シート

①自社がどうなったとき、社長や社員が胸を張って誇れる立派な会社になったといえますか？

売上高	経常利益	従業員数
円	円	人

※各自が胸を張れる数字を記入。企業トップでない場合、自身の担当する数字等を記入しても良い。

②直近期（現状）

売上高	経常利益	従業員数
円	円	人

③いつまでに上記①を達成しますか？

年　　月末

④そのためにクリアすべき現在抱える具体的な課題は何ですか？

⑤目標達成に向けて、これまでの 60 日間で具体的に実践したことは何ですか？

⑥目標達成に向けて、これからの 60 日間で具体的に実践することは何ですか？

記入年月日　　　年　　月　　日　　記入者氏名

それぞれの会社のＰＤＣＡが回り、目標達成の確率が高まっていきます。

みなさんも、

・アクションプランを決めたら必ず公言すること

・決めた通りに行動したかを必ず他人がチェックする場を強制的に作ること

の２つを意識してみてください。

5 やり抜く力を支える心の栄養

予算とアクションプランを決めて「よし！　やるぞ！」と新しい期をスタートさせたのに、やるべきことが多すぎたり、思ったように進まなくて、全然モチベーションが上がらなかったりすることはありませんか。

その結果、執念が薄れて飽きてしまったり、「もういいや」とあきらめてしまったりすれば、立てた目標を達成できるはずがありません。

人間は感情の生き物で、うまくいっている時は勝手にモチベーションが上がりますが、うまくいかない時には「飽きる」「あきらめる」という弱い心と闘わなければなりません。

そんな時に必要なのが心の栄養です。

ここでは、心の栄養が必要な時のチャージ法を3つご紹介します。

①欲を力に変える

人は誰でも、自分が満たされたい、自分だけがいい思いをしたいという「私欲」と、他人の役に立ちたい、世の中の役に立ちたいという「公欲」の2つの欲を持っています。

そして、私欲から出た目標は苦しい時に簡単にあきらめることができますが、**公欲から出た目標は簡単にあきらめることができません。**仕事をするのも、自分が豊かになるためより家族を養うため、社員を成長させるため、お客様を成功させるため、社会の役に立つためのほうが頑張れます。

ですから、目標を立てる時には、**できるだけたくさんの人を喜ばせる目標にする**のが達成に執着し「飽きない」「あきらめない」コツといえます。そして、たくさんの人を喜ばせる目標を持つと、**自然と周囲の人が協力してくれるようになり、さらに達成確率が高まります。**

第5章

②理念に立ち返る

なぜやり抜く必要があるのかの理由をはっきり持っている人は強いものです。やり抜く理由を「理念」と呼びます。稲盛和夫氏は「もうダメだという時が仕事のはじまり」と言いますが、「お金のために頑張る」のではなく、**「誰かのために頑張る」「社会のために頑張る」という信念がはっきりしていれば、つらい時にもあきらめず、踏ん張ることができるはず**です。

自分が頑張る時には「自分理念」が、会社がチームで頑張る時には「企業理念」が必要で、メンバー一人ひとりに「何のためにこのチームは存在するのか」「このチームはどのように社会に役立っているのか」を伝え、なぜ頑張る必要があるのかを理解してもらうのもリーダーの大切な役割です。

③仲間と会う

「類は友を呼ぶ」という言葉がありますが、人は自分をしっかり持っているようでも、どうしても周りの環境に影響を受ける側面があります。

たとえば、幕末の討幕運動と明治維新の中心になったのは、薩摩藩の西郷隆盛、大久保利通や長州藩の高杉晋作、伊藤博文、木戸孝允など現在の鹿児島県と山口県の政治家たちでした。おそらく、この地域に優秀な人材が集中したのではなく、勉強熱心で熱意のある仲間たちが切磋琢磨するという環境によって、日本を代表するリーダー集団が生まれたはずです。

私の周りには、「周囲に影響されず常に一人で頑張り続けることができる」という驚異の精神力を持ったリーダーもいないわけではありませんが、**ほとんどの経営者は、共に頑張る仲間がいることで心の栄養をチャージし、気力を奮い立たせてチャレンジしています。**

「目標達成勉強会」の目的も、まさにここにあります。

頑張る理由が明確な人と明確でない人とでは成功確率が大きく変わります。私はこの勉強会を自分理念と企業理念を確認する場として立ち上げました。しかし、そこで出会ったお客様同士が「ともに頑張ろう」と仲間意識を持つことで、「あいつが頑張っているのだから俺も頑張ろう」と心の栄養を補給し合う雰囲気が生まれました。

私自身は専門家としても、経営者としても誇れるような実績はありませんが、ありがたいことに、いつも素晴らしいお客様に囲まれています。私の役割はこのように、素晴らしい経営者たちが集う場を作り、お客様同士が刺激し高め合う雰囲気を作ることなのだろうと考えるようになってから、クライアント企業の経営もぐんぐん向上し、毎年のように上場を果たしていく企業が出ています。

なぜ黒字倒産する会社があるのか

「黒字倒産」という言葉がありますが、なぜ利益が出ているのに倒産してしまう会社があるのでしょうか。

まず、会社は赤字になった時ではなく、現金《キャッシュ》がなくなった時に倒産します。会計上利益が出ていても、社員の給料や仕入代金、銀行の返済や税金の支払いができなくなると、経営は行き詰まってしまうのです。

そして、この状態に陥る原因は、主に３つあります。

①入金されていない売掛金がある

契約が成立し商品を納めたりサービスを提供したりすると、その時点で売上が計上され、利益が出ることになります。

しかし、代金の回収が翌月だったり、３カ月サイトの手形を受け取ったりした場合には、キャッシュはないのに利益が出ている状態になります。利益分の納税もしなければならないので、余計にキャッシュフローを圧迫することになります。

売上が計上されたらすぐに回収すること、代金が回収できないような契約を極力避けることが資金繰り悪化の防止策になります。

②在庫が負担になっている

たとえば10万円を払って材料を仕入れ、売価5万円の商品を4個製作し、実際に2個が売れたとしましょう。この場合、売上が10万円であるのに対し、原価は材料代金として支払った10万円全額ではありません。原価になるのは、売れた分（5万円）だけで、残りの5万円は資産（在庫）に計上されてしまうのです。

つまり、会社には5万円の利益が出て、税金を払わなければならず、キャッシュフローはマイナスになってしまうのです。

在庫を極力もたないことが、この防止策になります。

③投資が過大になっている

たとえば、商品を製造するための機械を1000万円で購入し、代金を銀行借入でまかなったとします。

法定耐用年数が10年であるのに対し、借入の返済を5年でしなければならないとすると、減価償却費として経費にできるのは年間100万円（均等償却の場合）ですが、銀行へ毎年200万円を返済しなければなりません。十分な利益を出さないと返済資金がショートしてしまいます。

銀行借入に際しては、減価償却の年数に見合った返済期間を設定してもらうよう交渉することが、この防止策になります。

第6章

チームを巻き込むリーダーのRPG

1 経営とはリーダーが勇者を演じるロールプレイングゲーム（RPG）だ

読者のみなさんの世代によって「RPG」の3文字を見ると、ロールプレイングゲームを思い浮かべる方もいるのではないでしょうか。ドラゴンクエストやファイナルファンタジーなどに代表される人気のゲームジャンルで、主人公とその仲間たちを操作し、敵との戦闘を繰り返し、経験値ポイントを蓄積してレベルアップし、徐々に行動範囲を広げていき、世界を救うというのが定番のストーリーです。

私も小学生のころ、ドラゴンクエストシリーズに熱中し、友達とずいぶんテレビの前でゲームをしたのを思い出します。

私が経営のメーターを対粗利利益率にするようおすすめし、この指標をRPG（＝Ratio of Profit for the Gross-margin）と名付けたのは、ゲームとは関係ありません。

しかし、会社の経営は社長（勇者）が社員（仲間たち）と一緒に経験値を積み重ね、徐々にレベルを上げて世の中に貢献する（世界を救う）という意味では、ロールプレイングゲームと同じだと言っても過言ではありません。

　そこで、最終章では会社経営をロールプレイングゲームになぞらえながら、リーダーはどうすればＲＰＧを高めるために、メンバーの協力を得られるかについてお話ししていきます。


　まず、勇者が世界を救うためには、ともに戦う仲間たちが必要です。ゲームの世界では仲間たちはストーリーの中で自動的にパーティーに加わり、一度入ったパーティーから意に反して離脱していくことはありません。しかし、現実の会社経営では、自社に新しく仲間を加えるためには頭を使わなければなりませんし、入社してくれた社員もリーダーに失望してしまえばパーティーから抜けて（退社）しまいます。

　メンバーが、リーダーの話を聞き、ついてきてくれるのは、リーダーを信頼している時だけです。そして、リーダーはメンバーから信頼を集め、チームをリードするためには、次の５つを意識し、実践する必要があります。

①人の話をよく聞く

信頼されるリーダーは人の話を最後までよく聞きます。

メンバーは、勇気を持って発言しても、途中で遮られたり言下に否定されたりしてしまうと、その後は思ったことを口にできなくなります。

特に、優秀なリーダーや頭のいいリーダー、経験が豊富なリーダーは、メンバーが少し話し始めると、そのメンバーが何を言いたいのかをすぐに理解してしまったり、そのメンバーの意見が間違っていることが分かったりしてしまうので、話の途中でもつい自分の意見を言ってしまいたくなります。

しかし、とにかく最後まで話を聞き、意見を言ってくれたこと自体をほめたり、「なるほど、そういう考え方もあったのか」と意見を肯定したりしてあげると、メンバーのリーダーに対する信頼感は高まります。

②常に一貫性がある

一貫性のないリーダーは信頼されません。口ではもっともらしいことを言っていても、行動と一致していないリーダーを見ると、メンバーの心は一気に離れていきます。

言動一致だけではありません。相手によって態度を変えるリーダーも信頼されません。自分より上の立場の人に対してはごまをすり、目下に対しては偉そうな態度をとるリーダーや、お客様にはニコニコ笑顔で頭を下げるのに、社員には怒鳴り散らしている社長は信頼されません。

さらには、置かれた状況によって態度が変わるリーダーも信頼されません。予算を達成した月は機嫌がいいのに、お客様からクレームが入った途端にイライラするようではメンバーにあきれられてしまいます。

③よく感謝する

信頼するリーダーの口ぐせは「ありがとう」「みんなのおかげ」です。そして、**本当に心からメンバーの存在と頑張りに感謝しています。**

「ありがとう」の反対語は「当たり前」です。人は、当たり前ではないと感じた時に、感謝の念が湧いてくるのですが、仕事のできるリーダーは当たり前と感じるレベルが高いので、メンバーに高望みをしてしまうことがあります。「なんでそんなことができないんだ」と不満に思うのではなく、「一緒に目標を目指すメンバーがいるのは当たり前じゃない」と感じられるようにしましょう。

④公欲が強い

自分が手柄を立てたい、自分が出世したいなど、私欲の強いリーダーは信頼されません。メンバーに経験値を積ませてレベルを上げたい、社会の役に立ちたいなど、**公欲の強いリーダーほど、メンバーからの信頼を集めます。**

⑤すべてを自責で考える

できない原因やうまくいかない理由を他人のせいや、メンバーのせいにしているリーダーは信頼されません。

RPGを高め、チームを目標達成に導くリーダーは、**ものごとを他責でなく自責で考えています。**

うまくいったことやお客様からほめられた時はメンバーの手柄にし、悪い結果やクレームが発生した時は率先して責任をとるリーダーが、メンバーから信頼されるのは自然のことです。

2 目標設定はトップの仕事――竜王を倒して姫を救う

「ボスキャラの竜王をやっつけて、ローラ姫を助け出し、世界の平和を取り戻す」

ゲームの世界では、ゴールはあらかじめプログラミングされています。しかし、現実の会社経営の世界では、自分たちで会社の進むべき方向性や目標を決めなければなりません。

RPGを高めることでいい会社になっていくことは間違いありません。そして、そのためには**「売上を増やす目標」「原価率を下げる目標」「物経費を減らす目標」**を立てていく必要があります。

では、チームの目標は、どのように作るのがよいでしょうか。

方法としては、リーダーが決めてメンバーに伝える**トップダウン方式**と、メンバーがそれぞれの目標を決め、それらを積み上げてチームの目標とする**ボトムアップ方式**の2種類が考えられます。

そして、どちらの方式にもメリットとデメリットがあります。

■トップダウン方式

高い目標を設定しやすいというメリットがある一方で、メンバーは「上からやらされている」と感じ、本気になりにくいというデメリットがあります。

■ボトムアップ方式

メンバーが自分で決めた目標だという当事者意識を持ちやすいというメリットがある一方で、やりたいことよりできることを優先しがちで、高い目標になりにくいというデメリットがあります。

そこで私は、両方のメリットのいいとこ取りをして、**チーム目標は「トップダウンでボトムアップの目標を作る」**ことをおすすめしています。

つまり、リーダーが一方的に決めた目標では「そんなの無理だ！」「勝手に決めるなよ！」などと、メンバーは押しつけられた目標と感じてしまい、本気になれません。

そこで、まずはメンバーたちに本気になれる目標を持ち寄らせ、ボトムアップで目標数字のたたき台を作ります。

リーダーは持ち寄られた目標を見ながら、「もう少しできるんじゃないか」「お前が本気を出せばもっとできるはずだ」などと言いながら、もう一度目標を考え直してもらうのです。

こうして、メンバーがやろうと考える数字と、リーダーが考える数字が一致するまで何度もやりとりを繰り返します。


このようなやりとりをすることで、一方的に与えられた目標の場合と違い、メンバーにも当事者意識が出るので、高い目標であっても達成できる確率が高まるのです。

ただし、トップダウンでボトムアップの目標を作ると、リーダーとメンバーとの間で何度もやりとりをするため、目標ができあがるまでに時間がかかります。ですから、売上や原価、物経費の目標を作る場合には、なるべく早めに次の設定目標の検討を始めなければなりません。

私がコンサルティングをさせていただいている会社の社長には、**会社の次の期の計画は、遅くとも現在の期が締まる3カ月前から検討を始めていただくようにお伝えしています。**

3月決算の会社であれば、1月に入ったタイミングで次の期の目標について意見交換を始め、新しい期が始まる時にはメンバー全員で目標と戦術が共有されているようにします。

また、リーダーはメンバーに、**「なぜこの目標を達成する必要があるのか」**もあわせて伝えていかなければなりません。

具体的には、目標を達成することで、

①メンバーにどのようなメリットがあるのか
②会社にどのような貢献ができるのか
③お客様や社会がどのように喜ぶのか

を伝えることになります。

人は誰でも「他人の役に立ちたい」という公欲がありますから、頑張ることでメンバーの給料やボーナスが上がるというメリットだけでなく、お客様に喜んでもらえたり社会の役に立てたりするといったメリットも伝えてあげるのがポイントです。

さらに、リーダーはメンバーに、それぞれが実行すべきアクションプランを伝える必要がありますが、ここで上手に伝えるためのコツがあります。それは**「期待や肩書をセット**

にして伝える」ということです。

人には、「まわりの期待に応えたい」という欲求があり、メンバーに肩書を与えることは期待を伝えることにつながります。

たとえば、単にメンバーに「来期は4000万円の売上を達成して欲しい」と伝えるのではなく、「このチームのエースは君しかいない。来期は頼って申し訳ないけど、営業部のユニットリーダーを任せたいから売上4000万円を目指してくれないか」と伝えたほうが、そのメンバーは期待を感じ、自信を持ってくれるでしょう。

「お前は戦士として、敵をどんどんやっつけてくれ」「君は商人なのだから新しい道具を探して欲しい」「あなたは魔法使いとして、チームを守るのが役割だ」などと、メンバーそれぞれに肩書を与え、期待と役割を伝えてあげてください。

3 売れる「武器」を用意するのがトップの役割

成長する会社の企業活動は**「営業」「供給」「採用」「育成」**の4つの要素から成り立っ

ているというのが私の考えです。

■営業：受注活動のことで、顧客を創造し、売上を作ること。
■供給：商品の製造やサービスの提供のことで、お客様に満足していただくこと。
■採用：会社で働く人材を探して、口説くこと。
■育成：会社で働く人材のスキルや考え方、生産性を上げる教育をすること。

みなさんはこの4つの要素のうち、企業にとって一番大切なのはどれだと思いますか。

もちろん、どの要素も大切です。

しかし、ピーター・F・ドラッカーはベストセラーとなった著書『マネジメント［エッセンシャル版］』（ダイヤモンド社、2001年）の中で、**「企業の目的は顧客の創造である」**と説いているように、**顧客のいない会社は存続することができません。**これには一切の例外がありません。

いくら優秀な社員がいても、いくら精度の高い生産設備があっても、顧客がいない会社は売上、利益を生み出すことができないので、成り立ちません。この意味で、前記の要素のうち「営業」はとても重要な要素になります。

受注して売上をあげることが企業活動のスタートになりますから、リーダーはメンバーに、会社の商品やサービスを売ってもらわなければなりません。目標予算を決め、アクションプランを決め、時には厳しくメンバーを叱咤《しった》しなければならない時もあるでしょう。

そこで1つ、忘れてはならないのは、**メンバーに売れる「武器」を用意すること**です。

ゲームの世界では、こん棒、銅の剣、鋼の剣、勇者の剣など手に入れるアイテムによって攻撃力が異なり、どの武器を持つかによって倒せる敵が変わってきます。

このことは、営業の世界でも同じように当てはまります。

競業するライバル会社に劣る商品しか持っていなければ、いくらリーダーが「売ってこい」と命令しても、メンバーが力を発揮することはできません。ライバル（敵）を打ち負かせるような強力な武器を持たせてこそ、メンバーが営業力を大いに発揮し、顧客を創造することによって受注を増やすことができるのです。

ここでいう「強力な武器」とは、他社に勝る、いわゆる差別化された商品やサービスのことをいいます。

高度経済成長期のわが国のように、需要が供給を上回っている経済情勢の時は、企業は他社の商品をまねた商品を作ったり、他社のサービスより多少質の落ちるサービスを提供したりしても売ることができました。

しかし、現代は供給過多の時代です。このような時代になると、自社の商品やサービスが他社とはどう違うのかを明確にしないと競争に勝つことはできません。また、いったん勝利を収めたとしても、さらなる差別化を追求していかないと、すぐに陳腐化してしまいます。

差別化の要素は**「品質」「価格」「非対価要因」**の3つの観点から考える必要があります。

①品質

たとえば、スマートフォンでいえば、「液晶画面の画質」「バッテリーの持ち」「カメラの性能」「通信速度」「壊れにくさ」などがこれにあたります。私のようなサービス業であれば、「知識の量」「思いつく戦略」「レスポンスのスピード」などもサービスの品質にあたります。

もちろん、顧客によって求める品質は異なります。たくさんの性能が付いているより、軽くて小さいもののほうが優れている場合もあります。書籍や雑誌などであれば読みやすさ、具体的には高齢者向けの雑誌であれば大きな字で書かれていることは大切な差別化の要素です。

②価格

一般的には、同じ品質であれば安いほうがたくさん売れるでしょう。

しかし、あまりにも安いと顧客は「安いものにはなにか（悪い）理由があるのだろう」と疑いを持ちます。第2章のコラムでもお伝えしたように、「安い」という理由だけで競争に勝ち続けることはできないので、必ず品質や非対価要因とのセットで他社との差別化を考えてください。

③非対価要因

品質、価格以外の「自宅から近い」「電話対応の感じがいい」「友達が勧めてくれた」「品ぞろえがいい」「好きな芸能人が持っている」「素敵な広告を見た」などの要素です。その商品やサービスを購入する動機にはなっていますが、「それだけの理由」にお金を払うことはなく、代金との対価関係はありません。

虫歯になったから「自宅から近い歯科医院」に行ったのであり、それより自宅から近い内科があっても行くことはありません。

この非対価要因は、それだけでお金を払う理由にはなりませんが、前述の「品質」や「価格」で差がつかない場合には、大きな「選ばれる理由」になります。

立地、評判、そこで働く人、納期、店の雰囲気、対応する決済方法などが非対価要因の典型例です。競業するライバルのこともよく観察し、この非対価要因で差別化する作戦を立てることもリーダーの大切な役割になります。

4 メンバーに「経験値」を積ませるほど会社は成長する

ロールプレイングゲームの世界では、キャラクターは敵を次々倒していくたびに経験値というポイントを獲得し、一定のポイントを積み上げるとレベルアップをしてさらなる強さを手に入れます。

これは現実の世界でも同じことで、人には必ず成長したいという欲求があります。そして、**自分が確かに成長していると実感できると、モチベーションが上がるだけでなく、自信を持てるようになるので、さらにパフォーマンスが上がって成長が加速します。**

メンバーの成長が加速すれば、もちろんチームの成長も加速します。

そこで、リーダーはメンバー一人ひとりが成長を実感できるようにする必要があります。

そして、**成長を実感してもらうためには、たくさんの成功体験をしてもらい、経験値を積んでもらうことが早道です。**

①簡単な成功体験を多く積ませる

いきなり高いハードルや時間のかかる課題を与えるのではなく、まずは**比較的簡単に、短い時間でクリアすることができる課題を与える**のです。ドラゴンクエストでいえば経験の浅いメンバーを死神の騎士やダースドラゴンといった強い敵と戦わせるのではなく、スライムやドラキーといった初心者でも勝てるモンスターと戦わせて、勝利の味を知ってもらうことです。

たくさんの成功体験を積んでもらうことで、ほめる回数を増やすこともできます。

②フィードバックしてほめる

メンバーの体験が成功体験になるか、失敗体験になるかは、リーダーのフィードバックによるところが大きいので、**リーダーは常にメンバーが以前より成長したところがないかを探し、成長した点を見つけたらすかさずメンバーに伝えます。**

どんな時でもメンバーのほめるところを探していれば、「初めてゴーストを倒せたね」「初めて魔法を使えたね」などのように、小さなことでもたくさんほめることがあると気付けるはずです。

③最初は手厚く見守り、慣れたら任せる

メンバーの経験が浅いうちは、やり方を細かく指示し、頻繁にチェックするなどリーダーがメンバーを手厚く見守ってあげなければなりません。仕事を始めたばかりのメンバーに「お前に任せた！　信じているぞ！」といって何も教えなかったとしたら、そのメンバーはどうすればいいのか分からずパニックになり、失敗をして自信を失うか、恐怖のあまり動けなくなってしまうでしょう。

一方で、**メンバーが経験を積み、要領を飲み込んできたら、細かいことまでリーダーが口を出すべきではありません。**もちろん、上司が部下を見守ることは大切なのですが、メンバーから「監視されていて任されていない」「全然信用されていない」と思われると逆効果だからです。

初心者にすべてを任せてしまったり、実力のあるメンバーに細かい指示を出してしまったりするという失敗をする企業は少なくありませんので、気をつけてください。

人が頑張る理由（動機）には、外発的動機づけと内発的動機づけという2種類があります。

●外発的動機づけ

活動それ自体を楽しむ状態でなく、「報酬がもらえる」「他人からほめられる」「やらないと怒られる」といった人為的な刺激が行動の理由になっていることです。

●内発的動機づけ

その人の内面に湧き起こった興味や関心、意欲が行動の理由になっていることであり、活動それ自体を欲している状態です。

内発的動機づけによる活動は、外発的動機づけによる活動よりも、楽しく、質が高く、持続するといわれていますが、人というのは、自分一人で自分の可能性を信じるのは難しい生き物でもあります。

リーダーが仲間を認め、応援することで、最初は外発的動機づけで頑張っていたメンバーが次第に仕事に興味を持ち、関心が生まれ、内発的動機づけで頑張るようになっていきます。

こうなればしめたもの。勇者は、スライムを倒せるようになると、それを繰り返せば楽だと分かっていても、より強い敵を求めて旅に出るようになるのです。

5 「笑顔でほめる」はHP《ヒットポイント》を回復させる魔法の呪文

ロールプレイングゲームの世界では、主人公や仲間たちは敵との戦いで体力を消耗し、HP（ヒットポイント）と呼ばれる生命力を減らされてしまいます。戦いの途中ですべてのHPを失ってしまうと、ジ・エンド。それ以上ゲームを続けることはできません。

食事をとったり睡眠をとったりするなど休憩することでHPを回復させることもできますが、戦いや移動の最中に休憩はありません。しかし、戦いや移動の最中でもHPを回復させられる唯一の方法があります。それは経験を積んだ勇者や魔法使いが使える、体力回復の呪文を唱えることです。

現実世界に、メンバーの体力ややりがいを高める魔法の呪文はありません。

しかし、リーダーの振るまい次第では、メンバーの心を癒やし、モチベーションを高め、回復させられることがあります。

ここではメンバーのモチベーションを高めるリーダーの4つの行動についてお伝えし、本章の結びとさせていただきます。

①メンバーをほめる

リーダーから**ほめられてテンションの上がらないメンバーはいません**。ほめられても表面上はあまり嬉しそうにしていない場合もありますが、照れているだけで内心は喜んでいるはずです。

メンバーのミスばかりが目についても、叱ってばかりではいけません。リーダーは常にメンバーのほめるところを探し、小さなことでもほめるように心がけてください。

人の脳には、五感から入ってくる大量の情報を、常に必要な情報とそうでない情報に区別する機能が備わっています。

メンバーのミスを見つけようとするとミスばかりが目につきますし、**ほめたいと考えていると、ほめるべきことが見つかります**。リーダーのアンテナの張り方が大切です。

②メンバーを叱る

人は叱られた時にも興奮し、テンションが上がります。

人の脳には、ほめられたいという快楽を求める習性とともに、**叱られたくないという不**

快を回避する働きがあるからです。

メンバーが怠けている時やリーダーの指示を守らない時には毅然と叱る必要があります。チームのためにならないような態度をとっているのに、リーダーがこれを黙認してしまうと、他のメンバーのモチベーションまで下げてしまいます。

叱ることができないリーダーは、メンバーをゴールに連れて行くことができません。

ただし、叱り方には工夫が必要です。

まずは、**ほめてから叱ること**です。

人はいきなり叱られると萎縮してしまったり、反発する感情が出てしまったりします。ですから「君がいつも誰より先に出社して職場の掃除をしているのはえらいと思う。しかし、今回のミスは絶対にあってはならない！」など、相手のことをまずは認めてから叱るようにするのです。

叱った後に、「本当に君には期待しているのだから、今度はこのミスを返上する仕事をしてくれ」などと期待を伝えると、さらにモチベーションを高めることができます。

③**チームの一体感を演出する**

チームがモチベーションを高く保つためには、リーダーが**チームの一体感を演出するの**も効果的です。

チームスポーツでいえば、おそろいのユニフォームを用意するのが典型例ですが、仕事上のチームでも「中間目標を達成した」「メンバーが初めて契約を獲得した」などを理由にしてメンバーを集め、祝杯をあげれば、チームの一体感はおのずと高まります。

また、ちょっとずるい方法ですが、**共通の敵を作る**ことでもチームの結束力は高まります。「今期は、絶対ライバル会社のシェアを追い抜こう！」といった声かけも、仲間意識を高める効果があります。

④**笑顔を絶やさない**

とても単純なことですが、リーダーが楽しそうだとメンバーのテンションは上がります。

リーダーは苦しい時やうまくいかない時も**笑顔を忘れずに**、常に前向きにゴールを目指している姿をメンバーに見せてください。

Column 6

いい会社になるための3ステップ

私は、本当に幸運に恵まれ、たくさんの素晴らしい経営者、たくさんの素晴らしいお客様に囲まれて仕事をさせていただいています。多くのお客様は毎年業績を伸ばし、利益を増やし、新しい社員を増やしています。その中で、上場を果たしていく会社が毎年のように出ていますし、上場企業の取締役の経験もさせていただいています。

こんな経験をさせていただくと、これから経営を伸ばしたいと考えている意欲的な経営者から「どういう順番でいい会社、伸びる会社にしていけばいいですか」とか「上場する会社とできない会社の違いは何ですか」といった質問を受けることがあります。

私は、「いい会社」を作る順番は、**「①資金繰りのない会社にする」「②RPGを20％以上にする」「③営業利益1億円を目指す」**の3つのステップで達成していくのがよいと考えています。

会社の資金繰りは、会社が生き延びるための仕事であって**本来的な経営者の仕事ではありません。**ですから、まず、最初のステップでは、月末の預金残高を気にしなくてもいい状態、すなわち資金繰りのない状態を実現させます。

次に、「いい会社」とは、**どんなことがあっても倒産しない会社**です。そのために、2つ目のステップでは利益を出しながら内部留保を積んで企業の体力を蓄えるために、RPG20%を目指すのです。

そして、**安定して利益を生み出せる体制が作れたら、規模の拡大を求めていきます。**RPG20%を達成して営業利益を1億円出せるようになったら、「うちの会社はいい会社になった」と自信を持ってください。

どのステップも、RPGを高める3つの方法を考え抜き、実践することで必ずクリアすることができるはずです。

おわりに

ＲＰＧという、**これまでになかったまったく新しい、しかし経営を伸ばす本質的な唯一のメーター**について、そのすべてを余すことなくお伝えしました。

シンプルかつ本質的な経営指標なので、このメーターを信じ、経営の舵取りをしてください。最初はうまくいかなくても、試行錯誤を繰り返すうちに、必ずいい会社が作れるはずです。

失われた30年という言葉が象徴するように、バブル経済の崩壊以後、わが国には閉塞感が充満しています。人口が減少し、財政が破綻しかかっている上、新型コロナウイルスが追い打ちをかけました。

それでも、**私たちには無限の可能性があります**。

一人の国民として、一社の民間企業としてこの国を継続可能なものとし、子どもたちの世代にバトンをつなぐ唯一の貢献は、利益を生み、納税を増やすことです。この国の企業の99・7％は中小企業なのですから、**「中小企業が経営を伸ばすということが、日本を救うことになる」**というのが私の信念です。

そして、すべての企業がRPGを道しるべに、経営を伸ばし、いい会社になることを願っています。

私の仕事は、そんないい会社作りのお手伝いをすることです。

未来創造グループのRPG経営勉強会では、お客様のRPGをメーターにした現在地の確認と3年ビジョン、そしてRPGを高める目標とアクションプラン作りのお手伝いをしています。

また、目標達成勉強会では、リーダーのためのPDCAを毎回ぐるぐる回し、やり抜くための心の栄養を用意しています。

いい会社を作りたいと願う経営者であればどなたでも大歓迎ですので、ぜひご連絡をいただき、体験をしていただきたいと思います。

●RPG経営勉強会　https://rpg.mirai-consul.jp/
●目標達成勉強会　https://mokuhyo.mirai-consul.jp/

最後に、本書の出版に関わってくださった、多くの方に心から感謝します。
私に経営の基本を教えてくださった稲盛和夫塾長、経営を伸ばし続ける先輩経営者たち、私に出版のきっかけをくださったネクストサービスの松尾昭仁社長、温かく執筆をご指導いただき素晴らしい編集をしていただいた合同フォレスト編集部のみなさま、そして執筆に専念する環境を与えてくれた職場の仲間と家族。
誰一人欠けても本書を書き上げることはできませんでした。

本当にありがとうございました。

2021年3月

三谷　淳

読者特典

本書をお読みくださったみなさんに「RPG 経営勉強会」で配布しているワークシートを無料でご提供します。

DL可 のアイコンのついたシートが対象となります。

ぜひご活用ください。

https://dl.mirai-consul.jp/

●著者プロフィール

三谷　淳（みたに・じゅん）

未来創造グループ代表
税理士・弁護士・コンサルタント

1996年に司法試験に最年少合格。大手法律事務所勤務を経て2006年独立、紛争を予防し経営を伸ばす顧問弁護士として全国の中小企業経営者から絶大な支持を受ける。

のべ3000人の経営者が参加する同世代経営者勉強会【S70's】を主宰し、数々の上場企業を輩出したほか、京セラ創業者・稲盛和夫氏から直々に経営哲学を学び、経営の本質を体得した。

2017年に税理士登録、2018年に未来創造コンサルティングを立ち上げ、ＲＰＧというシンプルな指標を考案するなど幅広く活躍し、顧問先は150を超える。

著書に『丸くおさめる交渉術』（すばる舎、2016年）、『伸びてる会社の意外な共通点』（合同フォレスト、2017年）、『目標達成の全技術』（日本実業出版社、2019年）がある。

RPG経営勉強会

目標達成勉強会

企画協力　ネクストサービス株式会社　代表取締役　松尾　昭仁
組　版　GALLAP
装　幀　ごぼうデザイン事務所
校　正　菊池　朋子

成長も安定も実現する経営指標「RPG」入門

営業利益を粗利で割るだけで会社の明るい未来が見える本

2021 年 3 月 31 日　第 1 刷発行

著　者　三谷　淳

発行者　松本　威
発　行　合同フォレスト株式会社
郵便番号 184 - 0001
東京都小金井市関野町 1 - 6 - 10
電話 042 (401) 2939　FAX 042 (401) 2931
振替 00170 - 4 - 324578
ホームページ　https://www.godo-forest.co.jp
発　売　合同出版株式会社
郵便番号 184 - 0001
東京都小金井市関野町 1 - 6 - 10
電話 042 (401) 2930　FAX 042 (401) 2931
印刷・製本　株式会社シナノ

ISBN 978-4-7726-6182-9　NDC 336　188×130

合同フォレスト
ホームページ

合同フォレストSNS
facebook　Instagram　Twitter　YouTube